Dipl.-Ing. Antonio Elster

Ein gebrauchtes Auto kaufen

Die wichtigsten Tips & Tricks für Nicht-Techniker

IO

Gedruckte Zahlen-, Preis-, Adreß-, Verfahrens- und alle sonstigen Angaben und Darstellungen können sich schnell ändern, Fehler können geschehen und die persönlichen Ausgangsvoraussetzungen der Leser sind im Allgemeinen sehr verschieden. Daher dienen alle Angaben in diesem Buchtitel lediglich der Orientierung: Sie stellen keine Empfehlung oder Anleitung für konkrete Vorgehensweisen dar. Sie erheben keinen Anspruch auf Vollständigkeit. Und sie sind ausschließlich als unverbindliche Information zu verstehen, wobei der Leser in jedem Fall gebeten und gehalten ist, sich ausführlich weitergehend zu informieren. Die eventuelle Verwendung von hier beschriebenen Daten und Verfahren erfolgt auf eigenes Risiko. Eine Haftung des Autors und des Verlages für Personen-, Sach-, Vermögens- und alle anderen Schäden ist ausnahmslos ausgeschlossen. Druck- und andere Fehler bleiben vorbehalten.

Das Urheberrecht sowie sämtliche weiteren Rechte an diesem Buchtitel sind ausschließlich dem Autor vorbehalten. Jeder Fall

- von Nachdruck und allen anderen Arten der Vervielfältigung,
- von vervielfältigter Zuverfügungstellung oder Inhaltsnutzung,
- von Zuverfügungstellung oder Inhaltsnutzung in elektronischen Medien wie, aber nicht beschränkt auf: Internet - einschließlich der auszugsweisen Textverwendung in Internet-Diskussionsforen -, Fernsehübertragungen, Radioübertragungen, Daten-Streams,
- von Übertragung auf elektronische Datenträger wie, aber nicht beschränkt auf: DVD, CD, Speicherkarte, Speicherbaustein, Computerfestplatte, Diskette, Magnetband,
- von Weiterverarbeitung oder Weiternutzung wie, aber nicht beschränkt auf: Übersetzung, Konvertierung in eine beliebige elektronische Form, Anfertigung einer elektronischen Datei, Verbreitung als Hard- oder Softcopy

dieses Buches, oder einzelner Teile daraus, **ist ausdrücklich nicht gestattet:** Jeder Einzelfall der wie immer gearteten Nutzung von grafischen oder textlichen Inhalten ist ohne schriftliche Genehmigung des Autors unzulässig, strafbar, und wird sowohl strafrechtlich als auch zivilrechtlich verfolgt.

Antonio Elster:
Ein gebrauchtes Auto kaufen. Die wichtigsten Tips und Tricks für Nicht-Techniker

© 2007, 2010 Antonio Elster. 2. deutsche Auflage. Titelbild/Einbandgestaltung Antonio Elster. Alle Rechte vorbehalten. Herstellung und Verlag BOD GmbH, Norderstedt, Deutschland. ISBN 978-3-8334-9079-8. Printed in Germany 2010.

1. EINLEITUNG

Liebe Leserinnen und Leser,

jeden einzelnen Tag im Jahr werden in Deutschland Tausende von Gebrauchtwagen gekauft. Und jeden Tag ärgert sich eine erhebliche Anzahl der Käufer über einen zu hohen Kaufpreis, über unerwartet hohe Folgekosten wegen teurer Reparaturen oder über hohe Verluste beim Verkauf des ehemals teuer gekauften gebrauchten Automobils. Vielleicht liegt es daran, daß die meisten Menschen nur alle paar Jahre einmal ein „neues" Auto kaufen, und es daher an Erfahrung fehlt. Vielleicht liegt es auch daran, daß die meisten Menschen das Auto nicht zum Hätscheln, sondern zum Benutzen erwerben.

Doch wie auch immer: Beim Kauf eines Gebrauchtwagens geht es um eine Investition in mehrfacher, oft vielfacher Höhe des Monatsgehalts. Gleichzeitig hat sich das unbedarfte „Es-wird-schon-gutgehen-Investieren" überall in der Vergangenheit eher selten ausgezahlt. Wer also für eine hochtechnische und langjährig gebrauchte Maschine[1] nach nur wenigen Minuten des „Drüberschauens" viele Tausend Euro seines hart verdienten Geldes ausgibt, der sollte gut wissen, was er tut: Denn beim Gebrauchtwagenkauf kommen Mängel oft erst nach dem Unterschreiben und Bezahlen ans Licht – nämlich dann, wenn sich das Fahrzeug im regelmäßigen Alltagsbetrieb bewähren soll.

Wer einen Gebrauchtwagen kaufen möchte, hat stets die Wahl zwischen dem Kauf von Privat und dem Kauf vom Händler. Diese Unterscheidung ist recht wichtig. Seit einigen Jahren unterliegt der *offizielle* Kauf vom Händler nämlich der gesetzlichen Gewährleistungspflicht. Das bedeutet, daß jeder Händler eine „Garantie" auf das von ihm verkaufte

---

[1] ...obendrein oft mit unsicherer Pflege- und Wartungsvergangenheit.

Fahrzeug geben muß. Aus diesem Grund, und natürlich auch deswegen, weil Händler mit dem Autoverkauf Geld verdienen möchten, sind vergleichbare Fahrzeuge von Privat günstiger, teilweise sogar erheblich. Doch für unerfahrene Käufer stimmt das leider nicht immer. Einerseits verlangen manche privaten Verkäufer den höheren Händlerpreis, ohne selbst irgendeine Gewährleistung zu bieten. In diesen Fällen muß dem Kaufinteressent dringend geraten werden, sein Fahrzeug auf keinen Fall von diesem Privatverkäufer zu kaufen. Denn er wäre schön dumm: Bekommt er doch beim Händler das gleiche Fahrzeug zum gleichen Preis – inklusive mindestens einjähriger Gewährleistung.

Das Hauptproblem auf dem Weg zu einem guten Geschäft scheint jedoch im obigen Wörtchen *offiziell* zu liegen: Um nämlich die gesetzliche Gewährleistungspflicht zu vermeiden, und vielleicht auch, um einige Steuern zu sparen, sind nicht wenige Gebrauchtwagenhändler zumindest teilweise *under cover* tätig: sie täuschen einen Privatverkauf vor. Dies geschieht unter anderem dadurch, daß das Fahrzeug entweder vorgeblich im Namen eines Dritten verkauft wird. Oder im eigenen persönlichen Namen statt im Namen der Firma. Oder auch „im Kundenauftrag". Und zusätzlich gibt es noch eine erhebliche Anzahl Verkäufer, die zwar gebrauchte Autos „wie am Fließband" anbieten, aber keinerlei Gewerbe angemeldet haben.

Macht der Käufer jedoch alles richtig – kauft er also tatsächlich a) von Privat und b) ein gutes Fahrzeug – dann kann er oder sie schnell mehrere Tausend Euro sparen und erhält obendrein ein zuverlässiges Fahrzeug, das auch nach einiger Zeit noch ohne allzu großen Verlust verkauft werden kann. Dies gilt auch in der günstigen Kleinwagenklasse, wie kurze Blicke in Anzeigentexte zeigen: einen VW Polo von 2004 gibt es zwischen 3.500 und 7.500 Euro (Stand April 2010, Rhein-Main-Gebiet).

Um eher ein vorteiliges als nachteiliges Geschäft zu machen, muß also auf zwei unterschiedliche Punkte gleichermaßen geachtet werden: 1. Wirklich von Privat kaufen und 2. ein technisch gutes Fahrzeug kaufen. Im folgenden Text werden Ihnen Mittel und Wege gezeigt, um derart zweifach die „Spreu vom Weizen" zu trennen: Zum einen erfahren Sie kleine Tips und Tricks, mit denen Sie einen Teil der versteckten gewerblichen Angebote von den wirklich privaten unterscheiden können. Und zum anderen erfahren Sie kleine Tips und Tricks, mit denen Sie viele der technisch fragwürdigen Angebote aussortieren können. Dabei ist dieser kleine Ratgeber weder für Hobby-Kfz-Interessierte geschrieben, die bereits einiges Know-How besitzen, noch werden hier Kleinmängel behandelt, die bei gebrauchten Fahrzeugen oft als „normal" anzusehen sind: Instrumentenbeleuchtung, Handschuhfachdeckel und Co. interessieren hier nicht. Wenn Sie also zu denjenigen Menschen gehören, die ein gebrauchtes Fahrzeug kaufen möchten, sich mit einem vorteilhaften Einkaufsvorgang und der Autotechnik aber eher wenig auskennen, dann sind Sie hier genau richtig. Zwar ist es nicht möglich, sich durch bloßes Lesen eines Buches in einen Kraftfahrzeug-Sachverständigen zu verwandeln (...und auch jenen passieren Fehler), aber durch das Beachten der folgenden Regeln werden Sie Ihr Käuferrisiko erheblich verringern.

Nach diesen Vorbemerkungen geht es jetzt aber los. Der Kauf eines Gebrauchtwagens „Von Privat - An Privat" läuft häufig nach dem gleichen Muster ab:

1. **Die Suche nach gefälligen Angeboten**: Der Interessent sucht in Zeitungsanzeigen oder Internetdatenbanken nach passenden Angeboten und ruft die Anbieter an.

2. **Erste Ferndiagnose am Telefon**: Am Telefon erhält der Interessent einen ersten Eindruck von Verkäufer und Fahrzeug. Grundsätzliche Fragen werden beantwortet. Bei weiterem Interesse wird ein Besichtigungstermin vereinbart.

3. **Die Fahrzeugbesichtigung & Probefahrt**: Zum Besichtigungstermin informiert sich der Interessent nach seinen persönlichen Möglichkeiten über den Zustand des Fahrzeugs. Wird dabei nichts offensichtlich Nachteiliges entdeckt, und werden sich beide Parteien über den Kaufpreis und andere Vertragsdetails einig, so wird anschließend ein Kaufvertrag ausgefertigt, unterzeichnet und bezahlt.

Nach dieser Chronologie ist auch der kommende Text aufgebaut. Dadurch können Sie sich Punkt für Punkt zu Ihrem neuen Fahrzeug hinarbeiten. Vorher, im ersten Kapitel, erfahren Sie noch die Grundlagen der Bewertung von Gebrauchtwagen.

Ich wünsche Ihnen viel Spaß beim Lesen, einige neue und hilfreiche Erkenntnisse, und natürlich viele zuverlässige Kilometer mit Ihrem neuen Wagen.

Ihr Antonio Elster

2. DER GEBRAUCHTWAGEN-WERT

Wenn es soweit ist, daß Sie ein bestimmtes Auto für sich ausgewählt haben, dann findet im Grund ein einfacher Tausch statt: Nämlich Ihr kondensiertes Arbeitsvermögen (Geld) gegen das Eigentum an einem gebrauchten technischen Produkt (Automobil). Aus Ihrer Sicht reduzieren sich dann sämtliche Fragen darauf, wieviel Ihres kondensierten Arbeitsvermögens Sie abzugeben bereit sind, also: wieviel Wert Sie dem ausgesuchten Fahrzeug zumessen. Demnach führt kein Weg daran vorbei, daß Sie dem Auto Ihrer Träume einen konkreten Wert in Euro zuordnen. Wie aber findet sich der tatsächliche Marktwert eines gebrauchten Fahrzeugs?

In einer freien Welt und Wirtschaft ist der Marktwert eines Gebrauchtfahrzeugs (und jedes anderen Produktes) genau der Wert, der im freien Kräftespiel von Angebot und Nachfrage tatsächlich erzielt wird – also der Preis, der wirklich bezahlt wird. Und nichts anderes. *Unterliegen Sie bitte keinem Irrtum:* Der bloße Anzeigenpreis, oder irgendein Listenpreis, oder jeder andere beliebige Betrag, der nicht auf einem tatsächlich zu Stande gekommenen Kaufvertrag basiert – ist nichts weiter als ein Preisvorschlag, oft auch nur reine Phantasie. Dazu ein extremes, dennoch wahres Beispiel: Ihnen wird ein Fahrzeug für 6.000 Euro angeboten. Aus irgendwelchen Gründen, sie spielen überhaupt keine Rolle, möchten Sie aber nur 1.300 Euro bezahlen. Auch niemand sonst ist interessiert oder will mehr bezahlen. Dann beträgt der Marktpreis dieses Wagens 1.300 Euro. So einfach ist das.

Der Marktpreis ist derjenige, bei dem Verkäufer *und* Käufer *zusammenfinden.* Er ist niemals einseitig von Käufer *oder* Verkäufer bestimmt (außer in Monopolen und Planwirtschaften), sondern beruht auf der Übereinstimmung beider Parteien. Angebot und Nachfrage bestimmen also den Preis – nicht der Verkäufer. Nun fragen Menschen bestimmte Wertmerkmale bei Fahrzeugen unterschiedlich stark nach.

Grob eingeteilt gibt es vier dieser Wertmerkmale am Markt der Gebrauchtwagen:

1. Das **Wertmerkmal „Hersteller und Modell"**: Volkswagen-Modelle werden wesentlich stärker nachgefragt als Renault-Modelle, Polos (VW) sind populärer als Corsas (Opel).

2. Das **Wertmerkmal „Alter"**: Die meisten Käufer streben eher ein neueres als ein älteres Fahrzeug an, und werden dabei nur vom Preis gebremst. Ausnahmen gibt es zum Beispiel bei Oldtimer-Liebhabern.

3. Das **Wertmerkmal „Kilometerleistung"**: In aller Regel gilt: Je weniger Kilometer, desto besser. Das liegt daran, daß der „Tachostand" von vielen Menschen als Abnutzungsanzeiger verstanden wird. Diese Interpretation ist häufig richtig, aber eben nicht immer. Interessant ist nämlich unter anderem die Verknüpfung der Kilometerleistung mit dem Fahrzeugalter. Welches der folgenden Angebote ist Ihrer Meinung nach das bessere Geschäft?

    A) VW-Golf von 1992, nur 23.000 km, für 2900 Euro

    B) VW-Golf von 2001, 172.000 km, für 2900 Euro

   Natürlich ist B das bessere Angebot, obwohl dieser Golf viel mehr Kilometer auf dem Dach hat. Denn was können Sie wohl von einem Auto von 1992 erwarten: Es besteht ein massives Korrosionsrisiko, bestimmte Bauteile sind trotz Nichtgebrauchs erheblich gealtert (zum Beispiel Dichtungen), Ersatzteile sind teuer geworden, die Kfz-Steuer ist immens hoch aufgrund veralteter Abgaswerte, die Ausstattung ist im Vergleich zum modernen Standard spartanisch, und vieles mehr.

4. Das **Wertmerkmal „Zustand"**: Mithilfe dieses Merkmales wird die Tatsache bewertet, daß zwei gleiche Fahrzeuge – auch dem Alter und der Kilometerleistung nach gleich – höchst unterschiedlich benutzt und gepflegt sein können: Während der eine einen schweren Unfall hinter sich hat, abgefahrene Reifen besitzt und vor drei Jahren zum letzten Mal in der Werkstatt war, ist der andere unfallfrei, sämtliche Verschleißteile wurden gerade ausgetauscht und obendrein ist er lückenlos scheckheftgepflegt. Welchen würden Sie kaufen? Den tatsächlichen Zustand eines Fahrzeugs festzustellen

und zu bewerten ist der Hauptgrund für Besichtigungstermin und Probefahrt.

Aus diesen grundsätzlichen Überlegungen wird klar, daß es mehrere, auch komplexe, Methoden geben muß, um eine ungefähre Vorstellung vom Marktpreis eines Fahrzeugs zu bekommen. Die meiner Meinung nach beiden besten und schnellsten sind:

1. **Der direkte Vergleich** von gleichartigen Angeboten **in großen Internet-Datenbanken**[2] und

2. **Mithilfe des DAT-Gebrauchtwagenwerts:** „DAT" steht für *Deutsche Automobil Treuhand* und bietet auf der eigenen Web-seite[3] kosten- und registrierungsfreie, vor allem aber objektive und unabhängige Gebrauchtwagen-Wertermittlung an.

Bitte beachten Sie, daß oben „ungefähr" steht. Denn auch diese Methoden liefern lediglich Preisanhalte. Unter anderem deswegen, weil regionale Unterschiede existieren, weil Ausstattung und Zustand nur gering berücksichtigt werden, und auch, weil im Internet weniger Transparenz herrscht als allgemein angenommen: Zum Beispiel ist nahezu immer unbekannt, wieviele und welche Fahrzeuge von Händlern, also gewerblich angeboten werden. Und ebenso unbekannt ist, für welchen Betrag sich die Angebote tatsächlich verkaufen.

 So können Sie prüfen: 1. Internet-Datenbanken: Falls Sie sich für einen VW Golf von 2004 interessieren, lassen Sie sich einfach alle Golf von 2004 mit vergleichbarer Motorisierung und vergleichbarem Kilometerstand anzeigen – entweder bundesweit oder aber mindestens 50 Kilometer um Ihren Wohnort. Und jetzt *Achtung*: Bei Sortierung nach Preis brauchen Sie lediglich die erste Hälfte aller Angebote – falls es sehr viele sind, sogar nur das erste Drittel – als „Normalangebote" zu berücksichtigen. Fast alle anderen sind unrealistische oder unwissende „Versuche" und – Händler. Auch das andere Ende der Gauss-Kurve ist beachtenswert: Die günstigsten 3 - 5 Prozent der Angebote sollten Sie mit erhöhter Aufmerksamkeit lesen und anschauen. Denn neben den tatächichen Super-Angeboten finden sich hier zahlreiche mit Unfall-chäden und mechanischen Mängeln.
2. Deutsche Automobil Treuhand (DAT): Die Webseite der DAT ermöglicht es jedermann ohne besondere Zugangsberechtigung, Fahr-zeugdaten einzugeben und daraufhin einen Gebrauchtwagenwert zu

---

[2] zum Beispiel: www.mobile.de
[3] www.dat.de

erhalten. Im Vergleich zu manch anderen ähnlicher Services ist der Fahrzeugwert realistisch und seriös. Der Betrag wird angegeben mit der Bemerkung „Aktueller Händlereinkaufswert", wodurch sich aber niemand beirren lassen sollte: Denn dies ist natürlich genau der Marktwert. Die Formulierung sorgt bei ökonomisch unbedarften Verkäufern manchmal für Irritationen und sogar Protest. Doch bedenken Sie: Weder würden Sie (und auch niemand sonst) Ihr Auto freiwillig für weniger Euros hergeben, nur weil sich der Kaufinteressent als Händler ausgibt. Noch würden Sie für weniger Leistung (ohne Gewährleistung) freiwillig mehr bezahlen (vom Privatkäufer zum Händlerpreis kaufen). Niemand, und nirgendwo auf der Welt, handelt so.

Allenfalls deutet die Angabe „Aktueller Händlereinkaufswert" darauf hin, daß gewerbliche Einkäufer bessere Einkäufer als private sind. Keinesfalls aber bedeutet sie, daß es verschiedene Marktpreise für verschiedene Käufer gibt. Verwendet werden kann dieses Know-How auch, um sich ein Bild über die ungefähre Zahl der Händlerangebote zu einem konkreten Fahrzeugmodell zu machen. Ein extremes Beispiel aus der Zeit dieses Manuskriptes liefert der VW New Beetle. Für ihn lagen die DAT-Preise regelmäßig *Tausende Euro unter (!)* den Preisen der Internet- und Zeitungsanzeigen. Das läßt nur einen Schluß zu: Sehr viele der gebrauchten VW New Beetle – schätzungsweise 70 bis 80 Prozent – befinden sich auf die eine oder andere Weise in Händlerhand.

3. GUTE ANGEBOTE FINDEN

Bevor Sie beginnen mit Ihrer Autosuche ist es empfehlenswert, einige Anfangsbedingungen zu setzen, denen das neue Fahrzeug genügen soll. Entscheiden Sie sich beispielsweise, ob es ein Diesel oder ein Benziner sein soll, daß er nicht älter als sieben Jahre sein soll, daß er nicht

von dieser, oder auf jeden Fall von jener Marke sein soll und ähnliches. Diese kleine Regel ist wichtiger als Sie vielleicht denken: Erstens verhindert sie, daß Sie sich in der Unzahl der Anzeigen verlieren. Zweitens schärft sie den Blick für die wesentlichen Anzeigeninhalte. Drittens ermöglicht nur diese Regel es, mehrere Angebote einigermaßen objektiv miteinander zu vergleichen. Viertens können Sie nur durch diese persönliche Grenzziehung die Unterhaltskosten Ihres neuen Autos im Zaum halten, denn die jährliche Kraftfahrzeugsteuer[4], die - versicherung und auch die regelmäßige Tankrechnung hängen von Motorhubraum[5], Motorbauart[6], Motorleistung[7] und Fahrzeugmodell ab. Und schließlich sorgt diese Regel natürlich auch dafür, daß Sie ein Fahrzeug so bekommen, wie Sie es möchten – und nicht eines, das Ihnen „aufgeschwatzt" wird.

Nun ist jeder Kauf gleichzeitig auch ein Verkauf. Und dabei ist zu bedenken, daß sich zwei Parteien mit konträr widersprechenden Zielen und Motiven gegenüberstehen: Der Verkäufer hält sein Fahrzeug nicht selten für besser und wertvoller, als es tatsächlich ist und möchte daher mehr Geld – Ihr Geld – als angemessen. Der Käufer dagegen möchte das bestmögliche Angebot, und dafür so wenig wie möglich bezahlen.

---

[4] siehe folgende Tabelle
[5] die Kubikzentimeter-Zahl (cm^3) oder Liter-Zahl (1,6l)
[6] Otto (Benzin)- oder Dieselmotor, sowie seine Schadstoffklasse
[7] die Kilowatt -Zahl (66 kW) oder PS-Zahl (90 PS)

Bitte nicht vergessen: KWs mit Erstzulassung nach dem 30.06.2009 werden nach anderem System besteuert.

JÄHRLICHE KFZ-STEUER, Stand 2010
(PKW, Deutschland)

	BENZIN					DIESEL				
SCHLÜSSE L-NR.	03, 04, 05**, 09, 00, 05, 06, 07, 08, 10, 15, 88	10***, 15***, 17, 19, 20, 23, 24	01, 02, 03*/**/***, 04***, 09***, 11, 12, 13, 14, 16, 18, 21, 22, 28, 29, 34, 77	25, 26, 27, 35, 49, 50, 51, 52	30, 31, 32, 33, 36, 37, 38, 39, 40, 41, 42, 43, 44, 45, 46, 47, 48, 53...70	03, 04, 05**, 09, 00, 05, 06, 07, 08, 10, 15, 88	10***, 15***, 17, 19, 20, 23, 24	01, 02, 03*/**/***, 04***, 09***, 11, 12, 13, 14, 16, 18, 21, 22, 28, 29, 34, 77	25, 26, 27, 35, 49, 50, 51, 52	30, 31, 32, 33, 36, 37, 38, 39, 40, 41, 42, 43, 44, 45, 46, 47, 48, 53...70
BEZEICHNUNG	bedingt schadstoffarm	schadstoffarm 0	EURO 1	EURO 2	EURO 3, EURO 4	bedingt schadstoffarm	schadstoffarm 0	EURO 1	EURO 2	EURO 3, EURO 4
je 100 ccm Hubraum (ccm)	25,36 €	21,07 €	15,13 €	7,36 €	6,75 €	37,58 €	33,29 €	27,35 €	16,05 €	15,44 €
1000	253,60 €	210,70 €	151,30 €	73,60 €	67,50 €	375,80 €	332,90 €	273,50 €	160,50 €	154,40 €
1100	278,96 €	231,77 €	166,43 €	80,96 €	74,25 €	413,38 €	366,19 €	300,85 €	176,55 €	169,84 €
1200	304,32 €	252,84 €	181,56 €	88,32 €	81,00 €	450,96 €	399,48 €	328,20 €	192,60 €	185,28 €
1300	329,68 €	273,91 €	196,69 €	95,68 €	87,75 €	488,54 €	432,77 €	355,55 €	208,65 €	200,72 €
1400	355,04 €	294,98 €	211,82 €	103,04 €	94,50 €	526,12 €	466,06 €	382,90 €	224,70 €	216,16 €
1500	380,40 €	316,05 €	226,95 €	110,40 €	101,25 €	563,70 €	499,35 €	410,25 €	240,75 €	231,60 €
1600	405,76 €	337,12 €	242,08 €	117,76 €	108,00 €	601,28 €	532,64 €	437,60 €	256,80 €	247,04 €
1700	431,12 €	358,19 €	257,21 €	125,12 €	114,75 €	638,86 €	565,93 €	464,95 €	272,85 €	262,48 €
1800	456,48 €	379,26 €	272,34 €	132,48 €	121,50 €	676,44 €	599,22 €	492,30 €	288,90 €	277,92 €
1900	481,84 €	400,33 €	287,47 €	139,84 €	128,25 €	714,02 €	632,51 €	519,65 €	304,95 €	293,36 €
2000	507,20 €	421,40 €	302,60 €	147,20 €	135,00 €	751,60 €	665,80 €	547,00 €	321,00 €	308,80 €
2100	532,56 €	442,47 €	317,73 €	154,56 €	141,75 €	789,18 €	699,09 €	574,35 €	337,05 €	324,24 €
2200	557,92 €	463,54 €	332,86 €	161,92 €	148,50 €	826,76 €	732,38 €	601,70 €	353,10 €	339,68 €
2300	583,28 €	484,61 €	347,99 €	169,28 €	155,25 €	864,34 €	765,67 €	629,05 €	369,15 €	355,12 €
2400	608,64 €	505,68 €	363,12 €	176,64 €	162,00 €	901,92 €	798,96 €	656,40 €	385,20 €	370,56 €
2500	634,00 €	526,75 €	378,25 €	184,00 €	168,75 €	939,50 €	832,25 €	683,75 €	401,25 €	386,00 €
2600	659,36 €	547,82 €	393,38 €	191,36 €	175,50 €	977,08 €	865,54 €	711,10 €	417,30 €	401,44 €
2700	684,72 €	568,89 €	408,51 €	198,72 €	182,25 €	1.014,66 €	898,83 €	738,45 €	433,35 €	416,88 €
2800	710,08 €	589,96 €	423,64 €	206,08 €	189,00 €	1.052,24 €	932,12 €	765,80 €	449,40 €	432,32 €
2900	735,44 €	611,03 €	438,77 €	213,44 €	195,75 €	1.089,82 €	965,41 €	793,15 €	465,45 €	447,76 €
3000	760,80 €	632,10 €	453,90 €	220,80 €	202,50 €	1.127,40 €	998,70 €	820,50 €	481,50 €	463,20 €
3100	786,16 €	653,17 €	469,03 €	228,16 €	209,25 €	1.164,98 €	1.031,99 €	847,85 €	497,55 €	478,64 €
3200	811,52 €	674,24 €	484,16 €	235,52 €	216,00 €	1.202,56 €	1.065,28 €	875,20 €	513,60 €	494,08 €
3300	836,88 €	695,31 €	499,29 €	242,88 €	222,75 €	1.240,14 €	1.098,57 €	902,55 €	529,65 €	509,52 €
3400	862,24 €	716,38 €	514,42 €	250,24 €	229,50 €	1.277,72 €	1.131,86 €	929,90 €	545,70 €	524,96 €
3500	887,60 €	737,45 €	529,55 €	257,60 €	236,25 €	1.315,30 €	1.165,15 €	957,25 €	561,75 €	540,40 €
3600	912,96 €	758,52 €	544,68 €	264,96 €	243,00 €	1.352,88 €	1.198,44 €	984,60 €	577,80 €	555,84 €
3700	938,32 €	779,59 €	559,81 €	272,32 €	249,75 €	1.390,46 €	1.231,73 €	1.011,95 €	593,85 €	571,28 €
3800	963,68 €	800,66 €	574,94 €	279,68 €	256,50 €	1.428,04 €	1.265,02 €	1.039,30 €	609,90 €	586,72 €
3900	989,04 €	821,73 €	590,07 €	287,04 €	263,25 €	1.465,62 €	1.298,31 €	1.066,65 €	625,95 €	602,16 €
4000	1.014,40 €	842,80 €	605,20 €	294,40 €	270,00 €	1.503,20 €	1.331,60 €	1.094,00 €	642,00 €	617,60 €
4100	1.039,76 €	863,87 €	620,33 €	301,76 €	276,75 €	1.540,78 €	1.364,89 €	1.121,35 €	658,05 €	633,04 €
4200	1.065,12 €	884,94 €	635,46 €	309,12 €	283,50 €	1.578,36 €	1.398,18 €	1.148,70 €	674,10 €	648,48 €
4300	1.090,48 €	906,01 €	650,59 €	316,48 €	290,25 €	1.615,94 €	1.431,47 €	1.176,05 €	690,15 €	663,92 €
4400	1.115,84 €	927,08 €	665,72 €	323,84 €	297,00 €	1.653,52 €	1.464,76 €	1.203,40 €	706,20 €	679,36 €
4500	1.141,20 €	948,15 €	680,85 €	331,20 €	303,75 €	1.691,10 €	1.498,05 €	1.230,75 €	722,25 €	694,80 €
4600	1.166,56 €	969,22 €	695,98 €	338,56 €	310,50 €	1.728,68 €	1.531,34 €	1.258,10 €	738,30 €	710,24 €
4700	1.191,92 €	990,29 €	711,11 €	345,92 €	317,25 €	1.766,26 €	1.564,63 €	1.285,45 €	754,35 €	725,68 €
4800	1.217,28 €	1.011,36 €	726,24 €	353,28 €	324,00 €	1.803,84 €	1.597,92 €	1.312,80 €	770,40 €	741,12 €
4900	1.242,64 €	1.032,43 €	741,37 €	360,64 €	330,75 €	1.841,42 €	1.631,21 €	1.340,15 €	786,45 €	756,56 €
5000	1.268,00 €	1.053,50 €	756,50 €	368,00 €	337,50 €	1.879,00 €	1.664,50 €	1.367,50 €	802,50 €	772,00 €

REGEL 2

Überspringen Sie alle Angebote, die nicht über Preis, Baujahr und Kilometerstand informieren.

Es folgt unmittelbar: **Anzeigen ohne Preisnennung**, also solche, in denen der Verkäufer seine Preisvorstellung, die er mit Sicherheit besitzt, versteckt hält, sollten Sie bei Ihrer Suche **generell nicht berücksichtigen**. Der Angebotspreis ist fast immer zu hoch, manchmal geradezu lächerlich hoch. Ähnliches gilt, wenn andere wesentliche Angaben zum Fahrzeug, etwa Baujahr oder Kilometerstand, im Anzeigentext fehlen. Für dieses Fehlen gibt es immer einen Grund, und nur selten liegt er in der Vergeßlichkeit des Anbieters. Nehmen Sie in Ihrem eigenen Interesse ebenfalls **Abstand von allen Angeboten „auf Termin"**: Wenn der Anzeigentext, oder später der Verkäufer am Telefon, etwas sagt wie „. . .Fahrzeug kann erst in 6 Wochen übergeben werden. . ." – verzichten Sie umgehend! Kaufen Sie kein Auto, unterzeichnen Sie also keinen Vertrag und bezahlen Sie nichts, wenn Sie das Fahrzeug nicht unmittelbar übernehmen können. Stellen Sie sich nur einmal vor: Sie unterzeichnen, bezahlen und verlassen sich – und der Verkäufer erfährt in der Zwischenzeit einen Unfall. Oder das Fahrzeug wird gestohlen. Oder beschädigt durch Unwetter. Oder der Verkäufer fährt schnell noch 6000 Kilometer. Oder er findet einen anderen, der mehr bezahlt und sagt Ihnen ab. Oder, oder, oder. . . es gibt zwar Ausnahmen, in der Regel aber sollte der Käufer so etwas nicht mitmachen.

Weiterhin ist auch Ihre Zeit kostbar. Anzeigenlesen, telefonieren, Termine vereinbaren und wahrnehmen – das alles kostet viel Zeit. Ihre Zeit. Aus diesem Grund sollten Sie sich nicht auf die Kommunikation via Email einlassen. Telefonieren geht nicht nur schneller, sondern Sie behalten auch das Heft der Verhandlung in der Hand. Beim Emailen dagegen müssen Sie auf eine Antwort warten und geben darüber hinaus Ihre Emailanschrift preis. Und Sie müssen wieder schreiben, und warten, falls die Antwort nicht ausreichend war. Obendrein kann das Email-Verlangen eines Verkäufers auch eine versteckte Höchstpreisermittlung oder Auktion bedeuten. Oder bei unglücklicher Formulierung als schriftliche Kaufzusage (Bestellung) gewertet werden. Wie auch immer: Keine Email. Dies schwächt Ihre Verhandlungsposition erheblich. Es gilt: „Cash Is King!" Sie bezahlen – Sie bestimmen. Sonst suchen Sie sich ein anderes Angebot.

Soweit zu den grundsätzlichen Hinweisen zur Angebotsauswahl. Nun kommen wir zu den autobezogenen Aussagen in den Anzeigentexten. Schon zu diesem frühen Zeitpunkt des Anzeigenlesens gibt es eine ganze Reihe von Angebotsmerkmalen, die mehr über Fahrzeug und Verkäufer aussagen können als es scheint. Besonders, wenn mehrere der folgenden Merkmale gleichzeitig auftreten. Auch dabei gilt natürlich: Es gibt Ausnahmen. Allerdings sind sie in der Minderheit – sonst wären es ja keine:

> **REGEL 3**
>
> **Überspringen Sie alle Angebote, die nicht zum sofortigen Verkauf stehen.**

1. Eine **Festnetztelefonnummer** als Kontaktmöglichkeit ist vertrauenswürdiger, kostengünstiger und überprüfbarer als lediglich eine Handynummer. Auslandsvorwahlen, besonders in Internetanzeigen, sollten auf keinen Fall gewählt werden, hier sind zahlreiche Mißbräuche bekannt.

2. Überlegen Sie genau, **wie weit Sie für einen Besichtigungstermin fahren** wollen. In der Zeit der Internetanzeigen finden sich leicht Angebote, die Hunderte Kilometer entfernt stehen. Bedenken Sie, daß Sie den doppelten Weg des Routenplaners fahren müssen, nämlich hin und zurück. Nicht nur die Fahrtkosten spielen dabei eine Rolle, auch Ihr Zeitaufwand steigt erheblich: Leicht geht ein halber oder sogar ganzer Tag verloren, nur um ein einziges Auto anzuschauen – und das bei völlig ungewissem Ausgang: Denn der hohe Anteil der eher negativen Überraschungen wird Sie nach etwas Erfahrungsammeln vielleicht überraschen. Manche Verkäufer zeigen sich am Telefon bereit, sich mit Ihnen auf halber Strecke, zum Beispiel auf einer Autobahnraststätte, zu treffen. Ein derart, im wahrsten Sinn des Wortes entgegenkommender Anbieter kann ein gutes Zeichen sein.

3. **Ordentliche Rechtschreibung, und nicht-marktschreierische Formulierung** des Angebotstextes ist vertrauenswürdiger als kaum verständliche, radebrechende Schriftsprache.

4. Falls ein **Foto** zeigt, daß sich am Fahrzeug **kein Kennzeichen** befindet, ist die Wahrscheinlichkeit groß, daß es abgemeldet ist. Solch ein Auto ist üblicherweise **unkaufbar** (mehr dazu weiter unten).

5. Eine **TÜV-Fälligkeit von sechs Monaten oder weniger** (oder überhaupt keine Angabe) ohne die eindeutige Erklärung des Verkäufers, daß er im Falle des Kaufs für neuen TÜV sorgt – kann bedeuten, daß es auf jeden Fall teuer wird. Sie selbst entscheiden für wen: Ohne Verkauf für den Verkäufer. Bei Verkauf für Sie, den Käufer.

> **REGEL 4**
>
> **Antworten & Kommunizieren Sie nicht per Email. Telefonieren Sie. Ausschließlich.**

6. Die **Nennung eines „leichten Blechschadens"** kann schnell wesentlich mehr Probleme bedeuten, als Sie zu träumen wagen. Das Wort *Blechschaden* impliziert eine nur kleine Beschädigung – aber das gesamte Auto ist aus Blech gefertigt...

7. Die Angabe von **durchgeführten Tuningmaßnahmen** (auch „Chiptuning") sollte Sie ein anderes Angebot suchen lassen. Gleiches gilt für extensive Umbaumaßnahmen, riesige Stereoanlagen und ähnliches. All dies setzt den Wert eines Fahrzeugs normalerweise herab, nicht herauf.

8. Die Angabe **„Modell 2005"** bedeutet: Baujahr 2004! Viele Hersteller wechseln oder überarbeiten vor dem Herbst ihre Fahrzeugpalette. Dadurch wird das „Modelljahr 2005" schon ab September 2004 hergestellt und verkauft. Manche Verkäufer nutzen diese Tatsache, um ihr Angebot optisch ein ganzes Jahr jünger zu machen. Für Sie als Käufer, und für den Fahrzeugwert, zählt aber nur das Erstzulassungsdatum aus den Fahrzeugpapieren. Genau genommen zählt sogar nur das tatsächliche Baujahr, denn Erstzulassung und Baujahr müssen nicht identisch sein.

9. Die Angabe **„MwSt. ausweisbar"** bedeutet nichts anderes, als daß der Verkäufer Gewerbetreibender ist. Das muß nicht unbedingt im Kfz-Bereich sein – schließlich kann auch ein Kohlenhändler seinen Firmen-Opel verkaufen – ist es aber oft.

10. Die Angabe **„scheckheftgepflegt"** ist – wenn sie sich als wahr herausstellt und das Serviceheft des Fahrzeugs tatsächlich regelmäßig von einer Fachwerkstatt abgestempelt wurde – ein großer Vorteil: Nicht nur bedeutet es, daß das Fahrzeug regelmäßig in der Werkstatt war. Zusätzlich ist dies auch ein starkes positives Indiz dafür, daß der Kilometerstand des Fahrzeugs der Realität entspricht.

11. Ebenso ist die Angabe **„erste Hand"**, wenn sie stimmt, ein Vorteil:

Meistens ist das Fahrzeug dann jahrelang in nur wenigen und gleichzeitig oft pfleglichen Händen gewesen.

12. **Zu viele Angaben im Anzeigentext** – wenn Sie sich im Wust der zeilenlangen Abkürzungen nicht mehr zurechtfinden, weil selbst geringste Kleinigkeiten wie „2. Außenspiegel" und „Radzierblenden" genannt sind – deuten auf einen gewerblichen Verkäufer oder zumindest auf einen erfahrenen Privatverkäufer hin. Im letzten Fall könnten Sie sich fragen, woher seine Erfahrung stammt.

13. Loben „über den grünen Klee" zeigt meist, das Vorsicht angebracht ist: Entweder ist das Angebot zu teuer, oder zu kaputt.

4. FERNDIAGNOSE AM TELEFON

Über die wichtigsten Daten des Fahrzeugs wissen Sie aus dem Anzeigentext Bescheid. Vielleicht konnten Sie auch einige Fotos anschauen. Das Angebot gefällt immer noch, und nun möchten Sie Kontakt mit den Verkäufer aufnehmen. Dies sollte wie besprochen telefonisch geschehen, und auch bei diesem telefonischen Erstkontakt kann man zahlreiche Punkte beachten, die in der folgenden Liste aufgeführt sind. Falls Ihr Ziel konsequent lautet, einen wirklich guten Gebrauchtwagen günstig zu kaufen, dann sollten bereits eine oder zwei ungute Antwort(en) zu beliebigen der folgenden Punkte das Ende Ihres Interesses an diesem Angebot begründen. Doch entscheiden müssen Sie selbst:

1. Stellen Sie sich am Telefon kurz vor und sagen Sie einfach: „Ich rufe wegen Ihres Autos an." **Nennen Sie *nicht* den Fahrzeugtyp oder Fahrzeughersteller.** Denn nun muß Ihr Gesprächspartner etwas sagen. Und Sie werden sich wundern, wie häufig Sie hören: „Welches Auto meinen Sie denn?" Aha. Was denken Sie wohl: Wieviele Autos hat der typische Privatverkäufer gleichzeitig zu verkaufen...? Natürlich gibt es wie immer Ausnahmen, aber mit einiger Wahrscheinlichkeit sprechen Sie gerade mit einem Händler oder Semihändler.

2. **Handelt es sich bei der gewählten Telefonnummer um ein Handy,** so bitten Sie Ihren Gesprächspartner um seine Festnetznummer und rufen ihn unter dieser Festnetznummer unmittelbar nocheinmal an. Dadurch sprechen Sie nicht nur wesentlich kostengünstiger, sondern machen auch den Verkäufer und seinen Standort besser identifizierbar. Sagt der Verkäufer, er sei gerade nicht zuhause, so bitten Sie ihn dennoch um seine Festnetznummer (zuhause, oder im Büro) und fragen einfach, ab wann Sie ihn dort

erreichen können.

3. **Falls ein Anrufbeantworter die Leitung beherrscht**, sprechen Sie ohne zu zögern auf und hinterlassen Ihren Namen und die eigene Rufnummer mit der Bitte um Rückruf. Grund: „..ich rufe wegen ihres Autos an.." Nennen

> **REGEL 6**
>
> **Der Verkäufer, nicht Sie, muß das Testen seines Fahrzeugs (Probefahrt) kosten- und aufwandsfrei ermöglichen.**

Sie auch hier *nicht* den Fahrzeugtyp. Und damit sollte dieses Angebot für Sie bis zum Rückruf des Anbieters erledigt sein. Erfolgt nämlich kein Rückruf, erübrigt sich nach aller Erfahrung nochmaliges Hinterher-Telefonieren: Das Fahrzeug ist dann entweder bereits verkauft, es existiert überhaupt nicht (Scherzanzeige), an einem echten Verkauf besteht kein Interesse, oder der Verkäufer will Ihre Zahlbereitschaft „weichkochen". Nur sehr selten handelt es sich um technisches Versagen, ist also Ihr Anruf gar nicht angekommen.

4. Dann können Sie fragen, **ob es sich um sein eigenes Auto handelt,** und ob er persönlich als Halter im Kraftfahrzeugbrief eingetragen ist. Wieder werden Sie sich wundern, wie häufig Sie etwas hören wie: „Ich verkaufe das Auto für einen Freund/Kollegen/Bruder..." Weshalb der Autobesitzer dies wohl nicht selbst tut?

5. Die Frage danach, **wie lange der Verkäufer das Fahrzeug besitzt und fährt, ist genauso wichtig.** Denn wieder werden Sie sich wundern, wie häufig Sie hören: „Ich habe es noch nicht lange, erst zwei Wochen oder so." Häufig folgen nun Begründungen wie „..war nur für eine Notlage.., ...gefällt meiner Freundin nicht..., ..bekomme einen Firmenwagen.." usw. usw. Jedes vergleichbare Angebot, für das die Antwort auf diese Frage „soundsoviel Jahre" lautet, ist anderen Angeboten vorzuziehen.

6. **Die nächste wichtige Frage ist die nach dem „Angemeldet sein".** Ist ein privates gebrauchtes Fahrzeug nämlich abgemeldet, so nähert sich sein Status dem „Unverkäuflich"[8] ! Warum ist das so? Zum einen aus rein praktischen Gründen: Im abgemeldeten Zustand ist dem Interessent weder eine Probefahrt, noch bei Einigung mit dem Verkäufer das Mitnehmen des Fahrzeugs, also die

---

[8] Falls es sich nicht gerade um ein seltenes und gesuchtes Sondermodell handelt.

Überführung nach Hause möglich. Auch wirkt ein abgemeldetes Auto aus weiteren Gründen nachteilig: Wer ein abgemeldetes Fahrzeug herumstehen hat, der fährt es nicht. Es steht möglicherweise schon lang, was es nicht besser macht. Es könnte sich auch um einen verkappten Händler handeln. Und es ist vielleicht zu teuer, denn sonst wäre es ja längst verkauft.

7. Lassen Sie sich zu diesem frühen Zeitpunkt – schließlich kennen Sie das Fahrzeug noch überhaupt nicht – **auf keinen Fall die Zeit- und Kostenlasten für die Besorgung eines Kurzzeit-Kennzeichens oder eines Anhängers aufbürden** – für ein Fahrzeug, von dem Sie weder wissen, ob es Ihnen zusagt, noch, ob eine Einigung mit dem Verkäufer möglich ist.

8. Falls der Anzeigentext **„1. Hand"** (oder 2.) behauptet, fragen Sie den Verkäufer, ob wirklich nur ein oder zwei Vorbesitzer – und zwar, ACHTUNG: der Telefonpartner persönlich! – im Kraftfahrzeugbrief steht. Falls keine Angaben zu Vorbesitzern gemacht wurden, fragen Sie danach. Dabei vergißt der Verkäufer gern sich selbst, also vergessen Sie ihn nicht! Es gilt: Je mehr Vorbesitzer, desto nachteiliger: Spätestens ab dem vierten, aus Ihrer Sicht, handelt es sich für den Fahrzeugwert um einen Malus. Ausnahme: Wurde das Fahrzeug lediglich innerhalb einer Familie umgeschrieben, etwa von Vater auf den Sohn und danach auf die Tochter, so ist dies häufig unproblematisch, weil Papa auf das Auto geachtet hat.

9. Fragen Sie, **ob das Fahrzeug unfallfrei ist.** Bei diesem Thema existieren viele „Fallstricke". Als Unfall gilt üblicherweise, wenn geschweißte Karosserieteile repariert wurden: Ein vorderer verbeulter Kotflügel oder eine Tür (bei den meisten Autos angeschraubt), der/die ausgetauscht oder ausgebeult wurde, läßt das Auto unfallfrei. Eine reparierte Beule am Heck oder an hinteren Kotflügeln dagegen macht aus (fast) jedem Auto einen Unfallwagen.

10. Kommt es zur Absprache eines **Besichtigungstermins**, so ist es vorteilhaft, diesen **so bald als möglich** zu vereinbaren – idealerweise direkt oder bald im Anschluß an das Telefongespräch, weil es bei wirklich guten Angeboten auf Schnelligkeit ankommt: Als Interessent stehen Sie dann in Konkurrenz zu professionellen Aufkäufern, die Autoanzeigen permanent scannen, automatisch wissen, was gut ist und sehr schnell reagieren.

11. Wenn irgend möglich, sollte der **Besichtigungstermin bei Tageslicht oder in *gut* ausgeleuchteter Garage** etc. stattfinden. Das erhöht den Mängel-Entdeckungsquotient zu Ihren Gunsten stark. Bitten Sie den Verkäufer im Telefongespräch noch, den Motor des Fahrzeugs möglichst *nicht* warmlaufen zu lassen, bevor Sie eintreffen.

> **REGEL 5**
>
> **Kaufen Sie kein Auto – bitte niemals – ohne jeden Gang nicht mindestens einmal benutzt zu haben.**

12. Und schließlich: **Lassen Sie sich nicht zu zeitlichem Druck nötigen.** Ein gutes Geschäft zu machen ist selten leicht oder bequem – sonst würde es jeder tun, und können. Gegen die Verkäuferdruckmasche, oder den tatsächlichen Fakt „Bitte beeilen Sie sich, um 16.00 Uhr kommt ein anderer Interessent." hilft nur eines – antworten Sie: „Vielen Dank für die Information. Bitte rufen Sie mich an, falls das Auto nicht verkauft wurde." und vergessen Sie das Angebot bis dahin. Es macht einen großen Unterschied, ob Sie selbst den Ablauf beschleunigen (Punkt 10), oder ob Sie sich antreiben lassen.

5. DER BESICHTIGUNGSTERMIN

Oft im Leben entscheidet der erste Eindruck. Weil er sich häufig als richtig erwiesen hat (. . . allerdings nicht immer). Genauso ist es auch beim Gebrauchtwagenkauf. Einen ersten Eindruck über das ausgesuchte Fahrzeug können Sie sich meist in aller Ruhe, nämlich noch ohne den Fahrzeugbesitzer im Rücken, verschaffen:

Wie aus dem Anzeigentext und Ihrem Telefongespräch bekannt, handelt es sich um das Sowieso-Modell in der Sowieso-Farbe. Vielleicht kennen Sie sogar das Kennzeichen des Fahrzeugs. Und die Straßenanschrift kennen Sie auch, denn schließlich möchten Sie das Fahrzeug ja einmal anschauen. Nach Ihrer Ankunft beim Verkäufer ist das Auto in vielen Fällen leicht erkennbar in der Nähe geparkt. Also: Weshalb gleich beim Besitzer klingeln? Gehen Sie doch zuerst einmal allein, in aller Ruhe, um das Fahrzeug herum.

Denken Sie dabei auch daran, daß es nicht ausschließlich nur auf einen guten technischen Zustand ankommt: Vielen Menschen ist ihr Auto jeden Tag ein treuer Begleiter, in dem viele Stunden verbracht werden. Das neue Fahrzeug sollte deswegen, jenseits aller technischen und wirtschaftlichen Details, auch ein wenig gefallen. Es sollte ein freundliches Lächeln oder sogar ein stolzes und zufriedenes „Mir-Gefühl" auf Ihr Gesicht zaubern können, wenn Sie morgens oder abends einsteigen. Das verbessert die Lebensqualität. Wirklich. Überdenken Sie deshalb Ihr Interesse noch einmal, falls Sie zwei oder mehr der folgenden Fragen mit „Nein" beantworten müssen:

	Erste wichtige Fragen <u>vor Ort</u>	Ja	Nein
1.	Gefällt der Farbton ?		
2.	Glänzt der Lack ?		
3.	Zuviele Beulen und Kratzer ?		
4.	Sind die Reifen noch gut im Profil ?		
5.	Sind die Reifen gleichmäßig (nicht einseitig) abgefahren ?		
6.	Ist der Innenraum sauber und gepflegt ?		
7.	Stimmt die Tachoanzeige mit dem Anzeigen-Kilometerstand überein ?		
8.	Ist die Straße unter dem Motor frei von frischen Öl- und Wasserflecken ?		
9.	Stimmt der TÜV-Stempel des Kennzeichens mit der Angabe in der Anzeige überein ?		

Sie sehen – so schwierig ist es gar nicht, sich einen ersten nennenswerten Überblick zu verschaffen, wenn nur etwas genauer hingeschaut wird: Alle obigen Fragen können von jedem beantwortet und bewertet werden, ohne Automobilfachmann zu sein.

Sind Sie bis hierher zufrieden, oder vielleicht sogar freudig überrascht (...das müssen Sie den Verkäufer ja nicht unbedingt anmerken lassen), dann ist es jetzt Zeit, beim Anbieter zu klingeln. Nach dem Türöffnen und der Begrüßung sparen Sie sich möglicherweise Zeit und verhindern auch, sich verfrüht in das Auto zu verlieben – und dadurch eine Gefühls- anstatt eine Ratioentscheidung zu treffen – wenn Sie nicht schnurstracks zum Fahrzeug gehen, sondern den Verkäufer zunächst um einen Blick in die Fahrzeugpapiere bitten.

1. PRÜFUNG
Die Fahrzeug-Dokumente

Gar nicht so selten wie Sie vielleicht denken bestehen Unstimmigkeiten über die Fahrzeugdaten beim Vergleich zwischen den Verkäuferangaben und den Fahrzeugdokumenten. Oft aus Unwissenheit oder Schludrigkeit bei der Anzeigenaufgabe, manchmal aber auch aus wenig ehrenhaften Absichten. Ein eigener Vergleich ist daher immer angebracht und geht recht schnell. Überprüfen Sie deshalb zuerst die relevanten Daten im Fahrzeugbrief und -schein: Erstzulassung, Anzahl der Vorbesitzer, seit wann das Fahrzeug auf den Verkäufer angemeldet ist, TÜV-Termin usw. Natürlich müssen die Dokumente dazu vollständig sein. Bei angemeldeten Fahrzeugen gehören zu jedem Autokauf die folgenden Papiere:

1. Der **Kraftfahrzeug-Brief** (neu: Zulassungsbescheinigung Teil II): Dieser muß den Verkäufernamen einschließlich seiner Anschrift und das amtliche Kennzeichen am Fahrzeug belegen. Sie sehen dort auch, seit wann genau das Auto auf den Verkäufer angemeldet ist. Selbstverständlich ist es ebenso in Ordnung, wenn das Fahrzeug auf Sohn oder Ehefrau angemeldet ist. Außerdem sind im Kfz.-Brief eventuelle Vorbesitzer dokumentiert. Um sicher zu gehen, daß Fahrzeug und Dokumente zusammengehören, können Sie die Fahrgestellnummer aus dem Kfz.-Brief mit derjenigen am Fahrzeug vergleichen. Deren Ort am Fahrzeug finden Sie normalerweise in der Bedienungsanleitung.

2. Der **Kraftfahrzeug-Schein** (neu: Zulassungsbescheinigung Teil I): Zusätzlich zu den Daten des Kraftfahrzeug-Briefes enthält der Schein auch den kommenden TÜV-Termin, der natürlich übereinstimmen muß mit den Kennzeichenplaketten und den Anzeigenangaben.

3. Die **TÜV-Bescheinigung**: Diese muß vorhanden sein, denn ohne TÜV-Bescheinigung wird von den Zulassungsbehörden kein Fahrzeug umgemeldet. Fehlt sie, dann müßten Sie vor dem Ummelden des Autos auf Ihren Namen noch einmal zum TÜV. Natürlich auf Ihre Kosten und auf Ihr Risiko. Selbstverständlich muß die Bescheinigung den TÜV-Termin bestätigen. Sie enthält außerdem eventuell vom Prüfer gefundene Mängel. Liegen zusätzlich noch ältere, nicht mehr aktuelle TÜV-Berichte vor, so kann aus diesen

Name und Anschrift des damaligen Halters sowie der damalige Kilometerstand des Fahrzeugs entnommen werden.

4. Die **AU-Bescheinigung (Abgasuntersuchung)**: Gleiches wie für den TÜV-Bericht gilt für die AU-Bescheinigung. Zusätzlich kann in manchen Fällen anhand der gedruckten Meßergebnisse geschlossen werden, daß bei der nächsten oder übernächsten AU der Katalysator (ein nicht billiges Bauteil) ersetzt werden muß. Dazu müssen Sie in dem Zahlenwust die Meßwerte für CO (und Lambda) finden. Diese werden üblicherweise dreifach angegeben, nämlich als zulässige untere und obere Grenze, sowie drittens der tatsächlich gemessene Wert. Befindet sich der gemessene CO-Wert sehr nahe an den oberen Toleranzgrenze kann man vermuten, daß die zulässige Grenze im Lauf der nächsten Zeit durch Alterung überschritten wird. Seit diesem Jahr wird, wenn der Fahrzeughalter nicht ausdrücklich anders optiert, die AU in die HU eingeschlossen.

5. Die **Sondergenehmigungen**: Bei den sogenannten Allgemeinen Betriebserlaubnissen (ABEs) und TÜV-Gutachten handelt es sich um Dokumente, die nachträgliche Anbauten an das Fahrzeug legitimieren: Beispielsweise größere Reifen und Felgen, eine Sport-Auspuffanlage oder eine Anhängerkupplung. Eintragungspflichtiges Zubehör (etwa: Anhängerkupplung), muß in den Fahrzeugpapieren (Punkt 1 und 2) eingetragen sein.

6. Die **Rechnungen und Belege**: Im Unterschied zu den bisherigen Punkten besteht keine Pflicht des Verkäufers, Wartungs- und Inspektionsbelege aufzubewahren und dem Käufer auszuhändigen. Es vervollständigt aber das Gesamtbild positiv, wenn er es kann und tut. Sie bekommen dann eine genauere Übersicht (und schriftliche Bestätigung), welche Arbeiten wann durchgeführt wurden und erhalten im Fall eines vollständigen Serviceheftes sogar einen Wertsteigerungsbeleg des Fahrzeugs.

Haben Sie bei der Papierdurchsicht eingeschlichene „Fehler" entdeckt, dann müssen Sie jetzt entscheiden: Hat sich Ihr Interesse erledigt und verabschieden Sie sich ? Oder finden Sie die Abweichungen, falls Sie zu Käufers Lasten gehen (gegen ein jüngeres Fahrzeug, oder weniger Kilometer haben nur wenige etwas einzuwenden. Aber älter, oder mehr Kilometer ?), tolerabel? Im zweiten Fall sollten Sie die unkorrekten Angaben auf jeden Fall und sofort zur Sprache bringen, denn manchmal kann der Verkäufer ein Mißverständnis schnell aufklären. Und falls

nicht, haben Sie ein gutes Argument für die späteren Preisverhand-
lungen auf Ihrer Seite. Haben sich die Fahrzeugpapiere als vollständig
und korrekt erwiesen, dann gehen Sie nun gemeinsam zum Fahrzeug.
Dazu besprechen wir nun die wichtigsten, weil teuren Baugruppen Ihres
vielleicht zukünftigen Autos etwas genauer. Zu Ihrer Unterstützung
finden Sie auf der nächsten Seite eine Mitnahme-Checkliste, die Sie als
Käufer dieses Buches für Ihren privaten Gebrauch kopieren dürfen. Die
darin aufgeführten Einzelpunkte werden auf den folgenden Seiten näher
erläutert.

KLEINE GEBRAUCHTWAGEN CHECKLISTE VOR ORT

Nr.		
1	Fahrzeug	
2	Baujahr	
3	Kilometer	
4	Angebotspreis (Euro)	
5	Telefon Anbieter	
6	Besichtigungstermin	
7	Besichtigungsanschrift	

Nr.	Prüfung	Ergebnis akzeptabel?
A	**AUSSEN**	
1	Korrosion: **Dach und Windschutzscheibenrahmen?**	
2	Korrosion: **Unterboden?**	
3	Spaltmaße: **Türen und Hauben?**	
4	Spaltmaße: **Stoßstangen und Leuchten?**	
5	Spaltmaße: **Handspalttest?**	
6	Lack: **Farbtondifferenzen?**	
7	Lack: **Lackierkanten?**	
8	Mechanik: **Antriebswelle rechts und links?**	
9	Nur Cabrio: **Verdeck?**	
B	**UNTER DER MOTORHAUBE**	
1	Motor: **Zahnriemen gewechselt?**	
2	Motor: **Motorölstand?**	
3	Motor: **Kühlwasseroberfläche im Leerlauf?**	
4	Lenkung: **Ölstand Servolenkung?**	
5	Lenkung: **Funktionstest Servolenkung?**	
6	Bremsen: **Bremsflüssigkeitsstand?**	
7	Nur Diesel: **Öleinfüllöffnung im Leerlauf (nur warmer Motor)?**	
C	**INNENRAUM**	
1	**Indirekte Hinweise Kilometerstand?**	
2	**Kupplungstest im Stand?**	
3	**Scheiben?**	
4	**Türschlösser & Zentralverriegelung?**	
5	**Heizung & Klimaanlage?**	
6	**Auspufftest?**	
7	**Schiebedach?**	
8	**Beleuchtungen?**	

QUELLE: "Ein gebrauchtes Auto kaufen", ISBN 978-3-8334-9079-8

2. PRÜFUNG

Die Karosserie

Der Zustand von gebrauchten Fahrzeugkarosserien wird hauptsächlich von zwei Faktoren bestimmt: 1. Vom Korrosionsbefall, also von Rost und 2. von Unfallschäden, seien sie nun repariert oder nicht[9].

1. Korrosion

Wesentlich für TÜV-Prüfungen, also auch für Werterhalt und Folgekosten, ist die Korrosion an tragenden Teilen der Karosserie. Damit sind im Grunde *alle* Stellen der geschweißten Rohkarosse gemeint. Korrosion an angeschraubten Karosserieteilen dagegen, etwa an Türen oder vorderen Kotflügeln, ist eher von kosmetischen Interesse, kann aber darauf hindeuten, daß es auch an anderen Stellen des Fahrzeugs nicht zum Besten steht. Selbstverständlich ist das Korrosionsproblem nicht nur Thema älterer Fahrzeuge, sondern es tritt auch bei neueren Fahrzeugen, deren Unfallschäden nicht ordnungsgemäß repariert wurde, auf.

 So können Sie prüfen: **Rostblasen** unter dem Lack oder sogar bereits aufgeplatzte **Rostnarben** auf dem **Fahrzeugdach** oder **um die Windschutzscheibe** sollten Ausschlußkriterium sein. Ausnahme: sehr günstige Fahrzeuge für nur temporäre Benutzung, etwa für einen Winter. Noch rostgefährdeter ist **der Unterboden** jedes Fahrzeugs. Hier bringt manchmal ein sehr einfacher Test überraschende Ergebnisse: Mit dem Fahrzeugschlüssel, Spitze nach vorn, alle paar Zentimeter die Fahrzeugunterseite abklopfen (einfach links und rechts daneben knien). Und heben Sie einfach mal den Bodenteppich im Fußraum und im Kofferraum an: Trocken muß es sein.

2. Unfallschäden

Alle Welt redet von Unfallwagen, aber was soll daran eigentlich schlimm sein? Die Antwort lautet: Nichts – falls der Schaden nach Herstellerstandards repariert wurde. Das allerdings ist leider recht selten der Fall.

---

[9] Daneben spielen für den Fahrzeugwert auch noch Anzahl und Größe von denjenigen Kratzern und Beulen eine Rolle, die nicht auf einen Unfall zurückzuführen sind, sondern Resultat des alltäglichen Gebrauchs sind: Steinschläge, Parkplatzrempler und auch stumpfer Lack zählen hierzu. Diese Art von Beschädigungen sollten Sie mit sich selbst und Ihrem Geschmack und Anspruch ausmachen. Hier sind sie nicht von Interesse. Bedenken dabei können Sie, daß dort, wo lackfreies Metall zu sehen ist, es schon sehr bald zu Rosten beginnen wird.

Nur allzu oft wird Samstagnachmittags selbst Hand angelegt oder eine kleine Hinterhofwerkstatt beauftragt. Die Folgen sind dann häufig: Viel zu frühe massive Korrosionsschäden, verzogene Tragwerke, nicht passende Karosserieteile und ungleiche Farbtöne. Neben der teils fragwürdigen Sicherheitskondition stellt jeder einzelne Punkt einen massiven Wertverlust dar, der bei einem späteren Verkauf als rote Zahl auf ihr eigenes Konto geht. Genauso ergeht es Ihnen übrigens auch im Fall eines unverschuldeten Unfalls: Der Gutachter erkennt dann natürlich den Minderwert Ihres Wagens, und die gegnerische Versicherung ersetzt nur den tatsächlichen Verlust: Wieder blieben Sie auf der Differenz zum Kaufpreis sitzen.

 So können Sie prüfen:

- Hinweise auf frühere Unfälle geben oft die sogenannten Spaltmaße. Damit wird die **Breite der Fugen an Türen und Hauben** bezeichnet, aber auch an beispielsweise den Scheinwerfern und Stoßstangen. Diese Spalte müssen stets gleich breit sein, rechts und links des Fahrzeugs, und ihre Kanten sollten genau parallel verlaufen, also nicht: Oben 5 Millimeter, unten 2 Millimeter. Außerdem müssen die Kanten auf gleicher Höhe mit ihrem Gegenüber liegen: Von vorn (..in der Hocke) auf Motorhaube und Kotflügel geschaut, sollen beide Kanten einer Fuge auf gleicher Höhe liegen.

- Unterschiedliche **Nuancen des Farbtones** von einem Karosseriebereich zum nächsten, zum Beispiel von Tür zu Kotflügel, geben ebenfalls Hinweise auf zurückliegende Reparaturen (Achtung bei Nässe: Wasser „schönt" den Autolack).

- Und ganz sicher geben auch **Lackierkanten** eindeutige Hinweise: Lackierkanten entstehen dort, wo mit Klebeband und Papier der Lackierbereich abgeklebt wurde. Sie finden sich als dünne Lacklinie, etwa auf Scheibendichtungen (gut sichtbar, genau hinschauen) oder unter diesen (Dichtungslippe mit dem Fingernagel oder Autoschlüssel leicht anheben und darunter schauen).

- Eine weitere einfache Überprüfung auf frühere Unfallschäden ist der **Handspalttest** an Vorderrädern und Hinterrädern. Dabei wird geprüft, wieviel Finger der flachen Hand zwischen Reifen und

Karosserie (in Achshöhe) passen. Die benötigte Fingerzahl muß am rechten wie linken Rad gleich sein.

- Auch ist in Zeiten von **Kunststoffstoßfängern** („Stoßstangen") eine weitere Beschädigungsart leicht zu übersehen: Schon kleine Rempler an Pfosten, langsame Aufrollunfälle und ähnliches lassen nämlich das Blech *unter* den Plastikstoßstangen verbiegen und verkratzen während die Kunststoff-Stoßstange sich wieder zurückformt. Von außen ist dann oft nichts zu sehen. Darunter aber kann die Karosserie bleibend beschädigt sein – oft an geschweißten Blechen, womit das Fahrzeug offiziell als Unfallfahrzeug gilt. Außerdem beginnt es an diesen Stellen möglicherweise bald zu rosten, weil der Lack beschädigt wurde. Wann immer möglich ist es also ratsam, von unten hinter die Kunststoffstoßstangen zu schauen.

- Andere Hinweise, etwa eine gerichtete oder ersetzte B-Säule, kann ein Nichttechniker nur schwierig entdecken. Im Kapitel Probefahrt werden weitere Hinweise vorgestellt, die für einen früheren Unfallschaden sprechen.

CABRIO spezial

Cabrios besitzen ein zusätzliches Karosseriemerkmal, das leicht teuer werden kann: das Verdeck. Erstes Augenmerk bei der Besichtigung gilt daher dem Stoff- oder Kunststoffdach:

1. Ist es frei von Löchern und Rissen? Außen, wie auch innen?
2. Sind alle Druckknöpfe vorhanden, und schließen sie?
3. Funktionieren die Reißverschlüsse (wo vorhanden)?

Das zweite Augenmerk gilt dem Verdeck-Mechanismus, so er vorhanden ist: Läßt sich das Verdeck problemlos öffnen *und* schließen? Reparaturen an Verdeck und Verdeckmechanik, gleich ob elektrisch, oder rein mechanisch betätigt, werden schnell sehr teuer.

Der Kilometerstand

Die Frage nach dem Kilometerstand eines Fahrzeugs enthält häufig zwei tiefer liegende Auskunftsersuchen, nämlich:

1. Bis zu welchem Kilometerstand macht es überhaupt ökonomischen Sinn, einen Gebrauchtwagen kaufen? und
2. Stimmt die angegebene Kilometerzahl, oder wurde vielleicht daran „gedreht"?

1. Wieviel Kilometer höchstens?

Viele Menschen halten heute noch 100.000 km für *die* Grenze zwischen gut und schlecht, zwischen neu und verbraucht. Was ist dran an dieser vermuteten Fahrgrenze für Gebrauchtwagen? Um es kurz zu machen: Nicht viel. Das Überschreiten dieser ziemlich willkürlichen Fahrleistungsgrenze läßt nicht verläßlich auf den zukünftigen Gebrauchswert eines Fahrzeugs schließen. Vielleicht gab es in früheren Zeiten eine Berechtigung dafür, wahrscheinlich aber bevorzugt die menschliche Psyche es einfach, sich eingängige Grenzen ihrer Umwelt zu definieren: Eine bloße Zahl, rund obendrein, ist halt sehr einfach zu merken. Ein starkes Argument für diese Hypothese ist, daß auch in den USA die Fahrleistungsgrenze 100.000 zur schnellen Fahrzeugbeurteilung geliebt wird. Allerdings sind es hier plötzlich 100.000 Meilen, also 160.000 Kilometer! Für genau die gleichen Fahrzeuge, die in Europa gefahren werden! Ob BMW, Mercedes, VW und alle anderen wohl haltbarere Modelle für Amerika bauen...?

Also, ein Auto mit 100.000 Kilometern auf dem Dach als alt oder verbraucht abzustempeln, ist nur in seltenen Fällen richtig. Nicht nur wegen des technischen Fortschritts der vergangenen Jahrzehnte kann man diese Zahl heute ohne Problem verdoppeln, also auf 200.000 km setzen. Und selbst dies ist nicht mehr als ein im Grunde unfundierter Hilfswert, denn es gibt zahlreiche Gegenbeispiele aus der Praxis: Wie eh und je wird auch heute der Gesamtzustand eines Fahrzeugs fast ausschließlich durch den Fahrer und seinen Fahr- und Pflegestil bestimmt.

Nehmen wir einmal an, Sie möchten Ihr zukünftiges Fahrzeug drei Jahre lang fahren, und Sie fahren jedes Jahr rund 12.000 Kilometer (das ist, ungefähr, die durchschnittliche deutsche Jahresfahrleistung). Im Laufe der drei Jahre werden also rund 36.000 Kilometer zusammenkommen. Wenn Sie Ihren „Neuen" mit 150.000 Kilometern kaufen, dann wird er nach den drei Jahren rund 186.000 Kilometer auf dem Dach haben. Unter normalen Umständen haben Sie bis dahin weder besonderen technischen Ärger noch die Unverkäuflichkeit zu erwarten.

2. Stimmt der Kilometerstand?

Diese Frage ist leider nicht ganz so einfach zu beantworten. In früheren Zeiten mit ihren mechanischen Tachometern gab es Hinweise sichtbarer Art: Wurde an den Schraubenköpfen des Tachos und seiner Halterung gedreht? Sind die Ziffernrollen des Wegstreckenzählers unverkratzt? Stehen sie schön in einer Reihe? Doch in Zeiten des allgegenwärtigen Elektronikeinsatzes existieren diese Merkmale nicht mehr.

 So können Sie prüfen:

Die moderne Limitierung der sichtbaren Hinweise macht das Fahrzeug-Merkmal „scheckheftgepflegt" um so wichtiger: Das Serviceheft stellt nämlich eine Art Buchhaltung dar. Aus ihm kann der über die Jahre wachsende Kilometerstand einigermaßen verläßlich rückvollzogen werden. Ähnliches gilt auch für die TÜV-Prüfberichte der vergangenen Jahre, falls sie noch vorliegen – auch sie enthalten den Kilometerstand zum Zeitpunkt der Prüfung.

- Neben der faktischen Plausibilität[10] bleibt dem Käufer nur, indirekte Hinweise zu suchen und zu beachten: **Abgenutzte Pedalgummis** und ein **abgegriffenes Lenkrad** etwa passen nur schlecht zu einem Tachostand von 40.000 km. Und es ist auch schon vorgekommen, daß nachlässige Betrüger nach ihrer „Justierung" vergaßen, die **Ölwechsel-Schilder im Motorraum** zu entfernen – dort findet sich der Kilometerstand zum Zeitpunkt des Ölwechsels.

- Eine andere aussagekräftige Möglichkeit ist, **den letzten oder vorletzten Besitzer anzurufen**, so er ausfindig gemacht werden kann, und fragen, mit welchem Kilometerstand er damals das Fahrzeug verkaufte. Sein Name und seine Anschrift gehen häufig noch aus den Fahrzeugpapieren hervor. Damit kann man sein Glück zum Beispiel in einer bundesweiten Telefonbuch-CD oder im Internet

---

[10] Was ist beispielsweise wahrscheinlicher? Ein Golf Diesel, 7 Jahre alt mit nur 42.000 Kilometer: Von einem Handelsvertreter oder von einem Rentner?

versuchen.

- Bei einem Kauf des Fahrzeugs sollten Sie sich auf jeden Fall eine **Kopie der Verkaufsanzeige**, sei sie nun in Zeitung oder Internet veröffentlicht, behalten. Nur so können Sie später, falls neue Erkenntnisse auftauchen, die Ihnen nicht gefallen und die der Verkäufer zu verantworten hat, in Verbindung mit einem schriftlichem Kaufvertrag belegen.

Den Kilometerstand mit der Bohrmaschine fälschen – Fact or Fiction?

Eines der meist beachteten Merkmale eines Gebrauchtwagens ist sein Kilometerstand, viele Geschichten und Gerüchte kursieren über die Fälschung der angezeigten Fahrleistung. Früher hieß, es, daß dies mittels einer an die Tachowelle angeschlossene Bohrmaschine möglich sei. Heute werden überwiegend drei Tachometer-Bauarten verwendet, die sich hauptsächlich durch die Art der Signalübertragung vom Rad zum Tacho unterscheiden: Mechanisch, elektro-mechanisch und digital. Nur die ersten beiden Versionen besitzen überhaupt noch eine Tachowelle, und beide werden wohl bald vollständig durch die digitalen Versionen ersetzt sein.

Aber nehmen wir einmal an, es handelt sich um einen mechanischen Tachometer, mit dem der Besitzer Arges im Sinn hat. Er verbindet also seine Bohrmaschine mit der Tachowelle. Der Tachometer kann, angenommen, maximal 200 km/h anzeigen. Der Besitzer stellt also die Bohrmaschine auf die richtige Drehzahl ein, die den Tacho auf 200 „stehen" läßt (...wesentlich mehr zerstört den Tachometer). Wir nehmen auch an, daß unser kleiner Bohrmaschinenbesitzerbetrüger seine Bohrmaschine quälenderweise die ganze Nacht durchlaufen läßt. Sagen wir, zehn Stunden lang. Was wird er also am nächsten Morgen vorfinden? 200 km/h mal 10 Stunden, das ergibt 2000 Kilometer. Der Wegstreckenzähler hat sich lächerliche 2000 Kilometer weiterbewegt!

Vorwärts. So geht es also nicht. Wie wäre es, die Bohrmaschine rückwärts laufen lassen? Auch das funktioniert nicht. Jedenfalls nicht bei Tachometern von großen Herstellern: Schnelle Rückwärtsfahrt zerstört im Innern eine Feder, das Gerät ist kaputt. Bei echter Rückwartsfahrt bricht diese Feder nur deshalb nicht, weil es kurz und langsam ge-schieht. Diese Geschichte der Tachofälschung ist also lediglich ein Mythos.

Bei den anderen Bauarten werden die mechanischen Geschwindigkeitssignale entweder direkt am Rad/Getriebe-Ausgang (digital) oder im Tachometergehäuse (elektro-mechanisch) in elektrische Signale umgewandelt. In beiden Fällen sind Manipulationssicherheiten in die Steuerelektronik eingebaut: Die Zahl der möglichen Impulse, also die Höhe der Geschwindigkeit, ist begrenzt. Kommen zuviel Impulse an, sperrt die Elektronik. Bei digitalen Versionen wird der Tachostand außerdem nicht nur im Tachospeicher, sondern zusätzlich in einem weiteren Speicher abgelegt, der nur für die Hersteller mittels speziellen Code erreichbar ist. Selbst wenn es gelingt, den Tachospeicher zu manipulieren, so sind die Hersteller trotzdem in der Lage, die Original-Fahrleistung auszulesen. Dies bedeutet nun nicht, daß eine Fälschung unmöglich ist. Es gibt Mittel und Wege, die Kilometerstandsanzeige nach Belieben zu ändern. Aus verständlichen Gründen wird darauf nicht näher eingegangen.

Der Antriebsstrang

Mit dem Begriff „Antriebsstrang" bezeichnen Techniker alle diejenigen Teile eines Fahrzeugs, die für den Antrieb verantwortlich sind, also Motor – Kupplung – Getriebe – Kardanwelle – Antriebswellen. Diese Kette heißt Antriebsstrang. Jede Einzelkomponente samt ihrer Untersysteme[11] ist hochpräziser Maschinenbau, Reparaturen oder Ersatz sind deshalb in aller Regel teuer.

1. Der Motor

Nach dem Öffnen der Motorhaube zeigt vorsichtiges Handauflegen auf den Zylinderkopf (oberer Bereich des Motors), ob sich der Verkäufer an die telefonische Bitte hielt, den Motor nicht warmlaufen zu lassen. Falls ja, dann erhalten Sie beim folgenden Motorstart einen Eindruck vom Kaltstartverhalten und Kaltlauf. Die volle Betriebstemperatur wird durch die Probefahrt ohnehin erreicht.

 So können Sie prüfen:

- **Fragen Sie nach der nächsten Zahnriemenwechsel-Fälligkeit.** Der Zahnriemen ist bei vielen Motoren ein überlebenswichtiges Bauteil, das regelmäßig ausgetauscht werden muß: Reißt er, droht ein Motortotalschaden! Deswegen reicht die bloße Aussage des Verkäufers, der Zahnriemen sei vor soundsoviel Kilometern oder Monaten getauscht worden, *nicht* aus: Es sollte dafür eine Werkstattrechnung mit Datum/Kilometerstand vorliegen!

- **Prüfen Sie vor dem Motorstart den Ölstand.** Der Ölpegel muß zwischen den beiden Peilstabmarkierungen liegen. Verzichten Sie ohne weitere Umstände auf das Fahrzeug, falls der Ölstand unter der unteren Marke steht: Erstens können bereits kapitale Motorschäden eingeleitet sein. Zweitens bedeutet dies, daß der Besitzer dem Fahrzeug nicht einmal die fundamentalste Sorgfalt zukommen läßt, oder, daß der Motor übermäßig viel Öl verbraucht. Beides sind denkbar schlechte Voraussetzungen für einen langfristig zufriedenstellenden Kauf.

---

[11] Am Motor selbst etwa befinden sich wieder Pumpen, Wellen, Schalter etc.

- Prüfen Sie die Zylinderkopfdichtung. Die einfachste Schnellprüfung der Welt geht so: Während der betriebswarme Motor im Standgas läuft, wird der Einfülldeckel des Kühlwassers abgeschraubt (bitte langsam, Vorsicht vor Verbrühungen) und in die Öffnung auf den Wasserpegel geschaut: Große und viele Blasen im Kühlwasser, brodelnde Dämpfe, regenbogenfarbig schillernder Ölfilm auf der Wasseroberfläche und/ oder schwarzes Wasser sind nicht erlaubt und ein Alarmsignal. Auch beim leichten Gasgeben darf sich am Bild des Kühlwassers nichts ändern. Und für den Wasserstand gilt ähnliches wie für den Ölstand: Das Kühlwasserniveau muß sich zwischen den beiden Behältermarkierungen befinden. Ist (wesentlich) zuwenig, oder gar kein Wasser zu sehen, sollte bei Ihnen wieder die rote Flagge hochgehen: Teure Teile wie Wärmetauscher, Kühler, oder Kopfdichtung könnten defekt sein.

- **DIESEL spezial:** Eine noch weitergehende Aussage über den inneren Zustand eines Dieselmotors läßt sich treffen, indem der Öleinfülldeckel am Zylinderkopf bei betriebswarmen, im Standgas laufenden Motor entfernt wird: Außer ein paar kleinen Ölspritzern und einem leichten Lufthauch darf dabei nichts austreten. Vermieden werden sollte der Kauf, falls es aus der Öffnung qualmt wie eine Dampflokomotive. Dabei muß es sich nicht unbedingt um sichtbaren Qualm handeln: Halten Sie einfach Ihre flache Hand über die Öleinfüll-Öffnung: Es darf kein „Wind" zu spüren sein – andernfalls sind mit großer Wahrscheinlichkeit Kolbenringe, Kolben und/oder Zylinder verschlissen oder defekt. Eine teure Reparatur, die bei älteren Fahrzeugen den wirtschaftlichen Totalschaden bedeutet. An Benzinmotoren funktioniert der gleiche Test, ist allerdings nur für geübte Augen (und Hände) richtig zu interpretieren.

2. Die Kupplung

(siehe auch: *Auf Probefahrt).* Jede Kupplung muß auf Pedalbefehl in der Lage sein, zwei sich drehende Wellen zuverlässig und rutschfrei zu verbinden und wieder vollständig („schleiffrei") zu trennen. Ob die Kupplung diese Aufgaben verläßlich erfüllt, zeigt die Probefahrt, aber einen Test können Sie bereits im Stand auf dem Parkplatz schnell und leicht durchführen. Falls die Kupplung nämlich verschlissen ist, dann rutscht sie durch. Im Endstadium ist dieses Durchrutschen für jedermann bemerkbar – trotz losgelassenem Kupplungspedal beschleunigt dann das Auto beim Gasgeben nur mäßig oder gar nicht, obwohl die Motordrehzahl ansteigt.

So können Sie prüfen: Eine verschlissene Kupplung kann entdeckt werden, bevor dieses Endstadium erreicht ist, und das geht so: Der Fahrzeugmotor wird gestartet, die Handbremse fest angezogen. Dann Kupplung treten, den *höchsten* Gang einlegen, etwas Gas geben (..etwa so, als ob Sie innerstädtisch an der Ampel anfahren) und dann das Kupplungspedal *schnell* loslassen. Der Motor muß sofort ausgehen – abgewürgt werden. Falls er weiterläuft, auch wenn nur einige Sekunden: Kupplung verschlissen! Bitte achten Sie vor dem Test darauf, daß die Handbremse wirksam ist, daß vor dem Fahrzeug nichts und niemand im Weg steht, und daß wirklich der höchste Gang eingelegt ist. Das Verfahren sollte nur einmal durchgeführt werden, weil es die Automechanik beansprucht.

3. Das Getriebe

Das Schaltgetriebe ist ein sehr teures Bauteil jedes Autos. Seine Aufgabe besteht darin, verschiedene Übersetzungen zwischen Motor- und Raddrehzahl je nach Fahrerwunsch herzustellen. Da im Stand für Nichttechniker nur wenig zu überprüfen ist, siehe: *Auf Probefahrt*

4. Die Kardanwelle

Heute werden viele gängige PKW-Fahrzeugmodelle mit Frontmotor und Frontantrieb gebaut, und bei dieser Bauart entfällt die Kardanwelle. Einige Modelle einiger Hersteller jedoch besitzen nach wie vor einen Frontmotor mit Heckantrieb (zum Beispiel: Mercedes-Benz, BMW). Und diese Modelle besitzen dann auch eine Kardanwelle, die die Motorkraft von vorn zur Hinterachse überträgt. Außer einer übermäßigen Geräuschentwicklung, die auf zu großes Spiel oder Unwucht hindeutet, kann der Nichttechniker allerdings wenig feststellen (siehe *Auf Probefahrt).*

5. Die Antriebswellen

Falls Ihr vierrädriger Besitz in spe mit Vorderradantrieb ausgestattet ist, gibt es eine weitere einfache und schnelle Prüfung, die drohende teure Reparaturen erkennen läßt. Beim Vorderradantrieb transportieren sogenannte Antriebswellen die Motorkraft zu den Rädern. Weil Vorderräder aber schwenkbar sind, können keine starren Wellen verwendet werden. Antriebswellen sind deshalb mit genauen und teuren Gelenken ausgestattet, die sich zum Schutz unter Gummibälgen, etwa wie Ziehharmonikabälge, befinden. In diese Gummibälge ist Fett zur Dauerschmierung eingefüllt. Beginnen die Bälge einzureißen, was von Zeit zu Zeit passiert, dann tritt das Fett durch die Fliehkraft beim Fahren aus und setzt sich auf die Außenseite der Gummihüllen. Zu diesen frühen Zeitpunkt kann es noch ausreichen, lediglich die Gummibälge und Fettfüllung zu ersetzen, was relativ günstig und schnell zu erledigen ist. Wird aber längere Zeit mit defekten Bälgen gefahren, dann tritt das Fett vollständig aus und der Gummibalg wird komplett zerstört: Regenwasser und Straßenschmutz gelangt in die Gelenke, was deren mechanischen Tod bedeutet. Eine teure Reparatur.

 So können Sie prüfen: Schlagen Sie die Vorderräder bis zum Anschlag nach rechts ein. Gehen Sie dann zum rechten Vorderrad und schauen Sie auf die Radmitte – von innen. Dort werden Sie einen ziehharmonikaartigen Gummibalg sehen. Dieser muß auf seiner Oberfläche öl- und fettfrei sein. Er darf auch keine Löcher oder Risse zeigen. Falls es nicht genau zu erkennen ist, manchmal hilft eine Taschenlampe, dann fühlen Sie einfach mit den Fingern nach Beschädigungen. Ja, das gibt schmutzige Hände, kann Ihnen aber vierstellige Reparaturkosten ersparen. Danach wiederholen Sie die Prozedur am linken Vorderrad.

An der Innenseite der Antriebswellen, dort wo die Wellen an das Getriebe geschraubt sind, und auch an den Hinterrädern von Heckantriebsfahrzeugen, befinden sich weitere dieser Ziehharmonikabälge. An diesen Stellen allerdings ist ihre Belastung wesentlich geringer, so daß Schäden vergleichsweise selten auftreten.

5. PRÜFUNG
Bremsen & Lenkung

Weil die Baugruppen „Bremsanlage" und „Lenkung" sicherheits-
relevant sind, wird nicht nur bei ihrer Konstruktion und Herstellung viel
Sorgfalt verwendet. Sie genießen auch die besondere Aufmerksamkeit
der zweijährlichen Hauptuntersuchung, also des TÜVs, der Dekra und
aller anderen hauptuntersuchungsberechtigten Unternehmen und Orga-
nisationen. Insofern schützt eine neue oder nahezu neue TÜV-Plakette
den Käufer vor größeren unliebsamen Überraschungen in diesen
Teilbereichen recht gut[12]. Das ist vorteilhaft, denn gerade bei Bremsen
und Lenkung können Sie außer einigem Grundsätzlichem nicht viel
selbst testen.

1. Die Lenkung

 So können Sie prüfen:

- **Ist Lenkungsspiel vorhanden?** Dazu einfach – bei
  ausgeschaltetem Motor, Lenkrad in „Geradeaus"-Stellung und bei
  wenig oder keinen Umgebungsgeräuschen – schnell am Lenkrad
  hin- und herwackeln. Es darf weder ein Klacken zu hören sein,
  noch darf es spürbar im Lenkrad ruckeln.

- **Funktioniert die Servolenkung?** Der einfachste Test hier ist der
  Finger-Test: Einfach bei laufendem Motor im Stand versuchen, mit
  zwei ausgestreckten Fingern das Lenkrad zu drehen. Schaffen Sie
  das, so ist alles in Ordnung. Scheinen Sie sich dabei die Finger
  abzubrechen, so ist die Servofunktion defekt – oder der Wagen ist
  nicht mit Servolenkung ausgestattet.

- **Stimmt der Servoölstand?** Im Motorraum befindet sich der Vorratsbehälter für das Servoöl mit außenliegenden MIN- und MAX-
  Markierungen. Meistens soll für eine Ölstandsprüfung der Motor
  laufen. Doch auch im Stillstand ist oft gut zu sehen, ob genügend Öl
  vorhanden ist, und auch, ob die Zuleitungen trocken, also ölfrei
  sind.

---

[12] Wenig oder gar keinen Schutz bietet eine neue TÜV-Plakette allerdings in anderen Fahrzeug-
bereichen: Kupplung oder Klimaanlage beispielsweise interessiert den TÜV kaum.

2. Die Bremsen

So können Sie prüfen: Ebenfalls im Motorraum befindet sich der Vorratsbehälter der Bremsflüssigkeit. Auch dieser hat außenliegende MIN- und MAX-Markierungen. Der Flüssigkeitsstand muß natürlich zwischen beiden liegen. Als zweiter Aufmerksamkeitserreger gilt: Der gesamte Bereich um den Behälter, um den Hauptbremszylinder (das Ding genau unter dem Behälter) und die Bremsleitungen müssen „knochentrocken" sein.

Meist sitzt der Vorratsbehälter außerdem direkt vor einer großen metallenen Trommel, im Durchmesser etwa wie eine frühere Single-Schallplatte. Schauen Sie auf diese Trommel, besonders unterhalb der Höhe des Flüssigkeitsstandes, **nach abgelöstem oder abblätterndem Lack**. Finden Sie so eine Stelle, kann dies bedeuten, daß Hauptbremszylinder oder Bremsleitungen undicht sind (Bremsflüssigkeit löst Lack). Oder halt auch, das Bremsflüssigkeit daneben geschüttet wurde. Aber warum mußte denn überhaupt welche nachgefüllt werden ? Bremsflüssigkeit verbraucht sich nicht. Wer etwas mutig ist, kann das ABS (Antiblockiersystem) im praktischen Fahrbetrieb selbst testen. Siehe dazu *Auf Probefahrt*.

Die Sekundärmängel

Wie eingangs erwähnt, spielen Kleinmängel in diesem Ratgeber eine untergeordnete Rolle. Besonders interessierte und aufmerksame Interessenten können anhand der folgenden Kurzliste weitere Fahrzeugzustände selbst überprüfen:

1. **Die Fahrzeugscheiben:** Sind alle Scheiben, besonders die Frontscheibe, frei von Steinschlägen und Rissen? Lassen sich alle Seitenscheiben voll absenken, und auch wieder hochbewegen?

2. **Die Türschlösser & die Zentralverriegelung:** Funktionieren alle Schlösser (Hecklappe und Tankdeckel nicht vergessen) manuell? Und auch automatisch?

3. **Die Heizung & Klimaanlage:** Arbeiten alle Stufen des Gebläses? Wird es warm im Fahrzeuginnern? Läßt sich die warme Heizungsluft auch wieder abstellen? Mit Klimaanlage: Strömt wirklich kältere Luft in den Innenraum als die Außentemperatur ohnehin bietet? Im Zweifelsfall einfach ein Thermometer an die Luftaustrittsdüsen halten. Reparaturen an Klimaanlagen können sehr kostspielig werden. Alternativ im Winter ist als Prüfung möglich: Verschwindet Feuchtigkeitsbeschlag an den Scheiben (innen) in kürzester Zeit ? Weil Klimaanlagen die Luft nicht nur kühlen, sondern auch trocknen, verschwindet Feuchtigkeitsbeschlag bei funktionierender Anlage schnell.

4. **Der Auspuff:** Nicht nur wegen der Kosten einer eventuell hörbar nötigen Reparatur, sondern auch wegen der regelmäßig wiederkehrenden Abgasuntersuchung (AU) ist die Dichtheit des Auspuffsystems wichtig. Dabei sind nur ganz offensichtliche Schäden als lauteres Auspuffgeräusch für jeden zu hören. Kleinere Löcher, die dennoch eine Reparatur für die Abgasuntersuchung erzwingen, sind nicht unbedingt zu hören. Einen raschen Eindruck erhalten Sie durch dichtes Zuhalten des hinteren Auspuffrohres mit der Hand, während der Motor im Standgas läuft. Keine Angst, es sollte auch bei warmem Motor nicht zu heiß sein. Auf Ihrer Handinnenfläche wird sich zwar ein schwarzer Rußring bilden, aber Sie werden sofort hören, ob es irgendwo zischt: Zischen = Auspuff undicht ! Wer es noch genauer machen möchte, hält den Auspuff länger zu. Nach

längstens einer Minute muß der Motor ausgehen. Falls Ihre Handkraft nicht ausreicht, um das Auspuffende dicht zuzuhalten (das kann vorkommen und ist unter anderem von der Motorgröße abhängig), so nehmen Sie einfach Ihren Fuß: Fest mit der Schuhsohle auf das Endstück des Auspuffrohres drücken.

5. **Das Schiebedach:** Läßt es sich leicht öffnen, UND wieder schließen? Sind innen am Dachhimmel, um den Schiebedachausschnitt, Wasserflecken zu erkennen? Sind außen, um den Schiebedachausschnitt, Rostspuren zu sehen?

6. **Die Beleuchtungen:** Funktionieren alle Leuchten? Dazu einfach wie beim TÜV alle nacheinander durchschalten. Wenn niemand helfen will oder kann, so geht diese Überprüfung auch allein: Dicht vor eine Hauswand oder ein Garagentor fahren. So kann man vom Fahrersitz aus die Lichtspiegelungen selbst sehen. Selbst für die schwächeren Leuchten von Standlicht, Rücklicht, Kennzeichenbeleuchtung ist Aussteigen nur bei grellem Tageslicht notwendig.

7. PRÜFUNG
Die Probefahrt

Auf einer Probefahrt können – auch ohne besondere Erfahrung und ohne besondere Meßgeräte – erstaunlich viele Fahrzeugsysteme überprüft werden, wenn man nur mit offenen Augen und Ohren unterwegs ist. Die Mindestlänge einer jeden Probefahrt, die diese Bezeichnung verdient, ist definiert wie

> **REGEL 7**
>
> **Mindestens soweit oder solange fahren, daß jeder einzelne Getriebegang mindestens einmal benutzt wurde.**

im grauen Kasten formuliert.. Damit ist eindeutig und unmißverständlich klar, daß ein paar Meter Rollfahrt in der Tiefgarage oder über den Feldweg auch nicht annähernd ausreichen, weil Sie dort über den zweiten oder höchstens dritten Gang nicht hinauskommen.

Der Grund für die Mindestdauerdefinition liegt keineswegs nur in der Überprüfung der Getriebegänge. Vielmehr treten viele andere Mängel erst bei höheren Geschwindigkeiten auf: Ob das Fahrzeug zur Seite zieht, ob die Bremsen rubbeln, ob der Motor überhitzt und sehr vieles mehr fällt erst bei wirklicher Autofahrt auf. Weil nahezu immer gilt, daß eine Probefahrt mit einem abgemeldeten Privatfahrzeug unmöglich ist – welcher Privatverkäufer hat schon „rote Kennzeichen" oder eine kilometerlange Privatstraße zu Verfügung? – deswegen ist ein abgemeldetes Auto **unkaufbar**! Daß Sie das Fahrzeug zur Probefahrt selbst fahren sollten, und daß währenddessen das Radio möglichst still sein sollte, bedarf bestimmt keiner Erläuterung.

So können Sie prüfen:

• **Wird beim Einschalten der Zündung eine Inspektionsfälligkeit angezeigt?** Bei Fahrzeugen des VW-Konzerns steht dann beispielsweise „IN 02", was soviel heißt wie „Große Inspektion ist fällig", für einige Sekunden im Fenster des Kilometerstandes. Das kann schnell ein paar Hundert Euro kosten.

• **Steigt die Wassertemperatur nach ein paar Minuten Fahrt auf normale Werte?** Und bleibt sie dann im normalen Bereich?

• **Verlöschen alle Kontrolleuchten nach dem Motorstart?** Und bleiben sie „aus" während der Fahrt? Ständig leuchtende oder blinkende Kontrolleuchten von „modernen" Sicherheitseinrichtungen wie Airbag und ABS können zu teuren Pflichtreparaturen führen, weil der TÜV ein Auge darauf hat: Mit ständig leuchtendem ABS-Warnlicht bekommt kein Fahrzeug TÜV! Es gibt Fälle, in denen wurden einfach die Glühlampen oder Leuchtdioden entfernt, anstatt das System zu reparieren. Wie erkennen Sie das? Ganz einfach: Beim Einschalten der Zündung muß die Kontrolleuchte für einen Moment leuchten.

- **Ist die volle Motorleistung vorhanden?** Eine starke Aussage darüber, ob mit Motor und eingeschränkt auch mit Kupplung und Getriebe, alles in Ordnung ist, liefert die Leistungsfähigkeit des Fahrzeugs. Wer dies bei normaler Probefahrt nicht spüren kann, dem hilft ein einfacher Test: Fahren Sie mit Vollgas über die Autobahn. Das Auto muß **mindestens** (...weil jeder Tacho etwas „vorgeht") die im Kfz.-Schein angegebene Höchstgeschwindigkeit erreichen.

- **Motorrundlauf:** Läuft der Motor sowohl im kalten wie später im betriebswarmen Zustand „rund"?

- **Lenkrad:** Vibriert es bei Geschwindigkeiten ab 50 km/h? Steht es genau gerade bei Geradeausfahrt?

- **Fährt das Auto geradeaus?** Dazu auf gerader, und möglichst wenig geneigter Straße bei gleichbleibender Geschwindigkeit das Lenkrad loslassen: Folgt das Auto der Straße? Oder müssen Sie sofort korrigierend eingreifen?

- **Zieht das Auto beim Bremsen zur Seite?** Treten Sie einmal auf die Bremse (hinteren Verkehr beachten), ohne das Lenkrad festzuhalten. Fährt das Fahrzeug immer noch geradeaus? Rubbelt das Bremspedal?

- **Funktioniert das ABS?** Dieser Check erfordert ein klein wenig Mut. Nämlich den, die Bremse so fest zu betätigen, daß das Fahrzeug in den ABS-Regelbereich kommt. Am einfachsten ist dies auf jeder Art von nicht-idealen Straßenbedingungen zu erreichen: Also auf Wiese, Kopfsteinpflaster oder bei nasser (glatter) Straße. Fahren Sie mindestens 40 km/h (viele ABS-Systeme schalten sich erst ab ca.

30 km/h aktiv) und treten Sie dann kräftig auf die Bremse (hinteren Verkehr beachten!). Es darf kein Reifenquietschen zu hören, bzw. blockierte Räder zu fühlen sein. Lediglich ein tackerndes Geräusch in Verbindung mit einem pulsierenden Bremspedal ist erlaubt. Natürlich funktioniert der Test auch auf trockener Straße, Sie müssen nur um so stärker bremsen.

- **Lastwechselreaktionen:** Mit „Lastwechsel" wird bezeichnet, wenn aus dem Beschleunigen abrupt Gas weggenommen wird, und umgekehrt, wenn aus dem Ausrollen abrupt Gas gegeben wird. Achten Sie dabei einmal auf den Schalthebel: Schlägt er stark aus, dann ist Motor- oder Getriebeauflager (das sind die Lager, die Motor und Getriebe in der Karosserie halten) verschlissen − oder die Antriebseinheit wurde nach einer Unfallreparatur nicht korrekt eingepaßt. Eventuell ist auch ein dunkles Rumpeln zu hören: Dann schlägt der Auspuff an das Bodenblech, ein Zeichen entweder für eine Auspuffschnellreparatur oder für einen früheren, nicht sehr gut instandgesetzten Unfall.

- **Schaltgetriebe:** Achten Sie darauf, daß sich alle Gänge leicht und ohne Kratzen einlegen lassen (..Rückwärtsgang nicht vergessen), und beim Fahren auch drinbleiben! Springt ein Gang während der Fahrt heraus, ganz gleich welcher, vergessen Sie das Fahrzeug. Achten Sie auch darauf, ob beim Wechsel von einem Gang in einen anderen sich das Geräusch ändert: Pfeift es plötzlich mehr, oder weniger ?

- **Kupplung:** Ob die Kupplung ordentlich „greift", wissen Sie schon. Achten Sie trotzdem noch einmal beim Gasgeben darauf, daß mit steigender Motordrehzahl auch tatsächlich die Geschwindigkeit im gleichen Verhältnis steigt. Außerdem ist noch die Frage offen, ob die Kupplung auch vollständig trennt. Dies wird angezeigt durch die Schaltbarkeit aller Getriebegänge im Stand und auch in Fahrt. Entweder können sämtliche Gänge ohne „Kratzen" eingeschaltet werden − oder eben nicht. Besonders sensibel für diese Prüfung ist der Rückwärtsgang im Stand.

ALLRAD spezial

Viele Geländewagen (allerdings nicht alle) besitzen ein zusätzliches Getriebe, das Verteiler- und Untersetzungsgetriebe. Dieses verteilt die Antriebskraft auf Vorder- *und* Hinterachse (Vierradantrieb), und es untersetzt die vom herkömmlichen Schaltgetriebe gelieferten Drehzahlen noch einmal, um eine höhere Zugkraft, zum Beispiel für Geländefahrt, zu erhalten: Mit solcher Ausstattung steht die doppelte Zahl der Gänge zu Verfügung, nämlich 2x5 Vorwärtsgänge und 2 Rückwärtsgänge. Zu erkennen ist solch ein zusätzliches Getriebe oft an einem zweiten, kleineren Schalthebel in Nähe des „Hauptschalthebels". Zusätzlich gibt es in Allradfahrzeugen häufig Systeme wie Freilaufnaben und Sperrdifferentiale, die hier allerdings nicht Gegenstand sein können.

So können Sie prüfen: Mit Verteilergetriebe ausgestattete Fahrzeuge lassen eine ungewöhnliche und eindrucksvolle Prüfung zu. Und das geht so:

1. Ziehen Sie die Handbremse an und starten Sie den Motor.
2. Schalten Sie das Verteilergetriebe (den kleineren Schalthebel) in Leerlauf, oft lautet das Schaltschema: 2H[13] - 4H[14] – N[15] - 4L[16].
3. Treten Sie die Kupplung und legen Sie den vierten oder fünften Gang ein.
4. Lassen Sie die Kupplung los – ohne Gas zu geben.

Überraschenderweise wird weder der Motor ausgehen, noch wird das Auto losfahren (. . . diese Schaltstellung kann auch ein guter Diebstahlsschutz sein). Es sollten nun keinerlei Klapper- und Rasselgeräusche zu hören sein, auch beim sanften Gasgeben nicht. Ansonsten können Sie auf ausgeschlagene Kardanwelle(n) und/ oder verschlissenes oder defektes Verteilergetriebe schließen.

---

[13] 2-Radantrieb: Straßenübersetzung (HIGH)
[14] 4-Radantrieb: Straßenübersetzung (HIGH)
[15] Neutral (Leerlauf)
[16] 4-Radantrieb: Geländeübersetzung (LOW)

6. DER KAUFABSCHLUSS

Ist Ihre Fahrzeugdurchsicht und auch die Probefahrt zur Zufriedenheit verlaufen, so hängt der Kauf nun nur noch an einer einzigen Zahl, dem Preis. Neben den grundsätzlichen Bemerkungen am Beginn dieses Ratgebers ist es wichtig zu wissen, daß nahezu jeder Verkäufer, auch der private, weiß, daß

> **REGEL 8**
>
> **Den Angebotspreis ohne Gegenangebot zu akzeptieren, ist fast immer falsch.**

nahezu jeder Käufer ein Gegenangebot unterbreitet, also einen niedrigeren Preis vorschlägt – und daher seinen Angebotspreis entsprechend höher ansetzt. Sogar bei der ausdrücklichen Aussage „Festpreis" sind manchmal einige Hundert Euro Nachlaß möglich, wenn der Verkäufer nur von Ihrem aufrichtigen und sofortigem Kaufwillen überzeugt ist.

Sie können auch den Verzicht auf mitgeliefertes Zubehör, wie zusätzliche Reifen, Dachgepäckträger etc. anbieten. Mit dem Hinweis, daß dieses der Verkäufer es gern auf eigene Rechnung verkaufen kann, können Sie gegebenenfalls einen weiteren Nachlaß erreichen.

Auf jeden Fall ist die Ausfertigung eines schriftlichen Kaufvertrages wichtig. Lassen Sie sich nicht auf „Handschlagverträge" und ähnliches ein. Vordrucke für Kfz-Kaufvertrage gibt es zahlreiche: Auf diversen Autodatenbanken im Internet, im Bürofachhandel, bei Automobilclubs und vielen anderen. Auf der nächsten Seite finden Sie auch eine Mindestversion, die Sie sich als Käufer dieses Buches für Ihre privaten Zwecke kopieren (und vergrößern) dürfen. Vor dem Unterzeichnen des Kaufvertrages prüfen Sie bitte noch einmal,

• ob die Fahrzeugpapiere vollständig sind,

• ob alle Fahrzeugschlüssel vorhanden sind,

• und ob das eventuell mitverkauftes Zubehör vorliegt.

KAUFVERTRAG ÜBER EIN GEBRAUCHTES KRAFTFAHRZEUG

VERKÄUFER   Name   :

                 Strasse   :

                 Ort   :

verkauft hiermit das nachstehend beschriebene Kraftfahrzeug „Von Privat – an Privat" an

KÄUFER   Name   :

            Strasse   :

            Ort   :

FAHRZEUG
HERSTELLER UND TYP   :
FAHRGESTELL-NR.   :
ERSTZULASSUNG   :
KILOMETER   :
TÜV-TERMIN   :
AMTL. KENNZEICHEN   :
Das Kfz wird/wurde übergeben am _____ um _____ Uhr
einschließlich/ohne Kfz.- Brief, Kfz.-Schein sowie ____ Schlüsseln und den amtlichen Kennzeichen.
(nur bei stillgelegtem Kfz: Kfz-Brief Nr. _____)

Besondere Vereinbarungen   _____
                                  _____

Kaufpreis in bar (Euro)   _____
in Worten (Euro)   _____
Zahlung bei Abschluß (Euro) _____
und bei Übergabe (Euro)   _____

KÄUFER UND VERKÄUFER SIND SICH ÜBER DIE FOLGENDEN BESPROCHENEN VERTRAGSVEREINBARUNGEN BEWUSST UND EINIG, UND BESTÄTIGEN DURCH UNTERZEICHNUNG DIESES VERTRAGES: Der Käufer verpflichtet sich, das Kfz unverzüglich, spätestens jedoch innerhalb von 5 Tagen umzumelden. Der Käufer versichert das Kfz anderweitig. Der Verkäufer versichert, daß Fahrzeug und Zubehörteile sein Eigentum sind, Rechte Dritter bestehen daran nicht. Dieser Vertrag gilt allein und abschliessend, und ersetzt eventuell früher zustande gekommene Kaufverträge ersatzlos. Sollte dieser Vertrag, oder ein Teil daraus, der gültigen Rechtsprechung zum Zeitpunkt des Vertragsabschlusses widersprechen, so begründet dies lediglich die Angleichung der betroffen Vereinbarungen, nicht aber die Aufhebung oder Wandlung des Vertrages. Die Vertragspartner haben von den Vertragsbestimmungen ausdrücklich Kenntnis genommen und sind sich über deren Geltung für diesen Vertrag einig.

_____, den _____
      Ort   Datum

_____   _____
  Unterschrift Verkäufer   Unterschrift Käufer

QUELLE: "Ein gebrauchtes Auto kaufen", ISBN 978-3-8334-9079-8

Halten Sie alle Abweichungen und Vereinbarungen („die Reifen bringe ich Ihnen am Montag persönlich vorbei") schriftlich im Vertrag fest.

Danach unterschreiben beide Parteien, und Sie bezahlen den vereinbarten Kaufpreis. Das vollständige Begleichen des Betrages, oder eine eventuelle Anzahlung, lassen Sie sich am besten direkt auf dem unterschriebenen Vertrag schriftlich quittieren. Und damit haben Sie es geschafft – Sie sind glücklicher Besitzer eines neues Autos.

Herzlichen Glückwunsch,
und allzeit Gute Fahrt !

Ihr Antonio Elster

Unsere Bestseller und Neuheiten

ALLEIN GELASSEN ?
DIE EXLIEBE WIEDERGEWINNEN.

Wenn die Liebe zur Tür hinaus ist und alles nach lebenslangem Novemberwetter ausschaut, dann regiert die Sehnsucht pur: So schön wäre es, wieder von ihm/ihr in den Arm genommen zu werden. Dieser Ratgeber enthält eine ausführliche Schritt-für-Schritt Anleitung für Ihren möglichen Anfang vom Happy-End: Leicht verständlich sind mehrere Psychologieprinzipien zusammengefaßt, um Ihrer Ex-Liebe das „Ex" sanft aus der Hand zu nehmen. *4. Auflage 2010* · 12 x 19 cm · Euro 7,90 · ISBN 978-3-8311-1825-0. Auch in 2 erweit. Ausgaben erhältlich (s. nächste Seite).

VERBRAUCHER-WARNUNG:
KAUFEN SIE KEIN ELEKTRO-AUTO.

Ob als Vollelektroversion oder sogenannter Hybrid – Elektroautos werden über den grünen Klee gelobt. Allerdings nur von den Herstellern, die ihre Produkte verständlicherweise verkaufen wollen, und von Meinungs- und Politikmachern, die häufig über Dinge reden und schreiben, in die sie wenig Einblick besitzen. Wie sieht es wirklich aus mit der Gebrauchsfähigkeit, den Kosten und der Gefährlichkeit von E-Autos? Die Antworten fallen ernüchternd aus, so daß der Rat an Kaufinteressenten nur lauten kann: Sehen Sie von einem Kauf ab, wenn Sie sich nicht viel Ärger, Enttäuschungen und Kosten einhandeln wollen. 2010 · DIN A5 · Euro 9,95 · ISBN 978-3-8391-6373-3. Auch als englische Ausgabe erhältlich.

AUSWANDERN. DIE WICHTIGSTEN SCHRITTE.

Wer hat nicht schon einmal daran gedacht: In einem anderen Land leben. Entweder regelmäßig für ein paar Monate, oder gleich ganz: Tropisches Meer oder alpine Berge genießen. Freier und freundlicher seine Tage verbringen, vielleicht sogar kostengünstiger. Doch wie geht das überhaupt - Auswandern ? In diesem Ratgeber werden die wichtigsten Schritte jeder Auswanderung beschrieben: Was sind die Grundvoraussetzungen ? Wie wird die Abreise und Ankunft geschickt vorbereitet ? Und was müssen die ersten Schritte im Wunschland sein ? 2010 · DIN A5 · Euro 8,95 · ISBN 978-3-8391-2273-0

ALLEIN GELASSEN ? DIE EXLIEBE WIEDER-
GEWINNEN . . . UND ZUSAMMENBLEIBEN!

Zusätzlich zur ausführlichen Schritt-für-Schritt Anleitung aus dem bekannten Titel „Allein gelassen ? Die Exliebe wiedergewinnen" enthält dieser Ratgeber genaue Erläuterungen, wie aus Ihrer wiederhergestellten Beziehung eine dauernde Partnerschaft wird: Mehr als 25 konkrete Einzelratschläge zum täglichen Zusammensein unterstützen Sie, ein langes und glückliches Leben zu zweit aufzubauen. *2. Auflage 2009* • 12 x 19 cm • Euro 11,90 • ISBN 978-3-8330-0692-0. Kurzausgabe: **Allein gelassen? Die Exliebe wiedergewinnen...und die 10 wichtigsten Tips zum Zusammenbleiben!** 2008 • Euro 9,90 • ISBN 978-3-8370-6876-4

DEUTSCHER PATENTSCHUTZ FÜR 40 EURO.
WIE IHRE KLEINEN IDEEN & ERFINDUNGEN GROSSES GELD VERDIENEN.

Irgendwann hat jeder eine gute Produktidee. Doch Gelderfolg stellt sich selten ein, weil wertvolles geistiges Eigentum ungeschützt bleibt: „...Zu kompliziert, zu teuer.." lautet meist die Begründung. Dabei ist amtl. deutscher Patentschutz bereits für 40 Euro erhältlich: Bis zu 10 Jahre lang, und ohne Anwaltszwang. Hier wird das offizielle Patentamts-Verfahren samt dem einfachen Antrag leichtverständlich vorgestellt. *2. akt. Auflage 2009* • DIN A5 • Euro 7,95 • ISBN 978-3-8334-2638-4. Auch als englische Ausgabe erhältlich.

DER RICHTIGE LIZENZVERTRAG
FÜR PATENT-INHABER UND ERFINDER.

In „Deutscher Patentschutz für 40 Euro" wird gezeigt, wie gute Ideen kostengünstig beim Deutschen Patentamt geschützt werden. Doch wie erhält man dann einen Lizenzvertrag ? Und was gehört hinein ? Hier wird ein echter Vertrag zwischen Erfinder und Produktionsunternehmen Punkt für Punkt vorgestellt und erläutert. So erhalten Sie wertvolle Unterstützung, um bares Geld zu sparen und zu verdienen: Bei Lizenzgebühren, Anwaltsauslagen und durch Erinnerung an Vertragsrisiken, an die nicht jeder denkt. 2009 • DIN A5 • Euro 9,95 • ISBN 978-3-8370-8867-0

WEGZIEHEN IN DIE USA.
DAS WICHTIGSTE ZU VISA, WOHNUNG, ARBEIT, AUTO, FINANZEN.

Die USA sind Top-Einwanderungsziel unserer Erde. Dieser Ratgeber ist die Basis für den ersten Schritt in das Land der unbegrenzten Möglichkeiten. Konkret wird der Leser über die wichtigsten Fragen informiert: Visaarten, Kauf und Miete von Wohnung und Haus, Stellensuche, Selbstständigkeit, Autokauf und Finanzen werden zu einem günstigen Preis nahegebracht. *2. akt. Auflage 2010* • DIN A5 • Euro 7,95 • ISBN 978-3-8311-4048-0.

EIN GEBRAUCHTES AUTO KAUFEN.
DIE WICHTIGSTEN TIPS & TRICKS FÜR NICHT-TECHNIKER.

Auf dem Privatmarkt gibt es häufig bessere und günstigere Angebote als beim Händler – wenn man sich nur ein wenig auskennt. Aber wie finden sich die guten Angebote unter den zahlreichen fragwürdigen? Hier erfahren die Leser wichtige Tips & Tricks vom Diplom-Ingenieur und können viel Geld sparen: 1. Welche Anzeigen Sie besser nicht anrufen. 2. Wie Sie geschickt mit dem Verkäufer umgehen. 3. Wie Sie versteckte Mängel entdecken. *2. akt. Auflage 2010* • DIN A5 • Euro 7,95 • ISBN 978-3-8334-9079-8

MÄNNER ZUM HEIRATEN VERFÜHREN.
40 DO'S & DON'TS.

Heiraten – für viele Frauen das romantischste Ziel einer guten Partnerschaft auf ihrem Weg zur besten. Doch falls „der Beste von allen" noch nicht so recht überzeugt ist, oder die Beziehung noch etwas Feinschliff benötigt, dann hilft dieser Ratgeber der modernen Frau. In 40 Einzelpunkten erfährt die Leserin leicht verständliches und einfach anzuwendendes psychologisches Wissen, um in seinem Kopf die Hochzeitsgedanken hüpfen zu lassen. 2003 · 12 x 19 cm · Euro 8,90 · ISBN 978-3-8311-4235-4

FLORIDA FÜR EINWANDERER.

Sonne, Palmen und Meer – damit ist für die meisten Menschen Florida, der tropische Bundesstaat der USA, beschrieben. Doch wer dort länger leben möchte als 2 Wochen, wer vielleicht gar Resident sein möchte, dem nutzt das typische Urlaubswissen nur wenig. In diesem Ratgeber wird Florida für Einwanderer beschrieben: Seine Geographie, das Klima, die Wirtschaft und Politik. Danach erfahren Sie alles Nötige über das Wohnen, Arbeiten, die Steuern und vieles mehr aus erster Hand. 2009 · DIN A5 · Euro 9,95 · ISBN 978-3-8370-8866-3

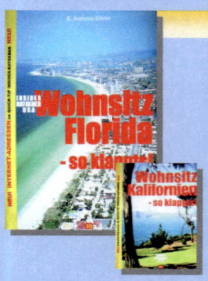

WOHNSITZ FLORIDA - SO KLAPPTS !

Um sich in den USA erfolgreich niederzulassen, sei es zeitweilig oder permanent, ist viel amerikanisches Know-how notwendig. Die Wohnsitz-Ratgeber über Florida und Kalifornien sind umfassende, detaillierte Handbücher zum jeweiligen US-Bundesstaat: Visamöglichkeiten, Hauskauf, Autokauf, Steuern, Stellensuche - kurz, das komplette Gewusst-Wie zum Leben genießen in den USA erfährt der Leser aus erster Hand. Ebenso enthalten sind viele ausgewählte Tips, Anschriften und Internetadressen, wie sie nur die Praxis liefern kann. **Florida:** 2000 · DIN A5 · Euro 15,29 · ISBN 978-3-89811-216-1 **Kalifornien:** 2000 · DIN A5 · Euro 15,29 · ISBN 978-3-8981-1332-8

100 VERBLÜFFENDE AUTOGEHEIMNISSE.

Nur wenige Menschen ahnen, welche verblüffenden Geheimnisse die erfolgreichste Maschine der Erde verbirgt. In diesem Buch wird erstaunliches Auto-Wissen leicht verständlich vorgestellt. Wer sich nicht sicher ist, wieviel PS ein Pferd hat, wie ein Kühler in 5 Minuten selbst repariert wird, ob die „James-Bond-Wende" wirklich funktioniert, daß Autos viel grüner sind als ICE-Züge...und weitere 96 Tatsachen wissen möchte, die üblicherweise Kfz-Ingenieuren vorbehalten bleiben – der erfährt hier weithin unbekannte Eigenschaften unserer Autos. 2002 · DIN A5 · Euro 15,90 · ISBN 978-3-8311-1826-7

FRAUEN ZUM HEIRATEN VERFÜHREN.

Heiraten – das höchste Ziel einer guten Partnerschaft auf ihrem Weg zur besten. Doch wenn „die Beste von allen" noch nicht so recht überzeugt ist, dann hilft dieser Ratgeber dem modernen Mann: Für zahlreiche Alltagssituationen erfährt der Leser leicht verständliches und einfach anzuwendendes, psychologisches Know-How, um in ihrem Kopf die Hochzeitsgedanken hüpfen zu lassen: So schön kann Zweisamkeit werden. 2010 · 12 x 19 cm · Euro 8,90 · ISBN 978-3-8391-1885-6

DIE GRUNDREGELN DES ERFOLGS.
SO WERDEN SIE ERFOLGREICH.

Ob in der Partnerschaft, im Beruf oder beim Kontostand – erfolgreich werden Menschen überall in der Welt auf ähnliche Weise, weil alle Menschen einer ähnlichen Psychologie folgen. In diesem Ratgeber erfahren Sie die Grundregeln jedes Erfolges. So können Sie ab sofort die richtigen Entscheidungen in Ihrem Leben treffen. Denn es ist Ihres, und Sie haben nur eines. Nur Sie allein bestimmen Ihre Ziele, und ob Sie diese Ziele erreichen. 2010 · 12 x 19 cm · Euro 9,95 · ISBN 978-3-8391-2049-1

AUSWANDERN. DIE MENSCHLICHE SEITE.

Hier wird die menschliche, die emotionelle Seite einer Auswanderung geschildert: Warum und wieso eigentlich weg aus Deutschland ? Wie steht der Partner dazu ? Und was wird aus der Beziehung in der Ferne ? Die Erlebnisse eines jungen Paares aus Deutschland – erst ins entfernte Neuseeland, dann in die USA – faszinieren und machen gleichzeitig nachdenklich: Erst innig liebend, dann plötzlich allein und verlassen, und schließlich 2 neue »Love Birds« in einem traumhaften Leben: Wer nicht aufgibt, erreicht seine Ziele. 2010 · 12 x 19 cm · Euro 9,95 · ISBN 978-3-8370-9291-2

BEVOR ES ZU SPÄT IST - DIE TRENNUNG VERHINDERN.

Wenn zu spüren ist, daß die Liebe zur Tür hinaus will, dann ist es höchste Zeit zu reagieren. Doch wie könnte die Beziehung noch gerettet werden ? Hier erfahren Sie mehr als 30 wertvolle Tips aus der praktischen Psychologie, damit Ihr Partner seine Trennungsgedanken noch einmal überdenkt. Bevor es zu spät ist, können Sie mithilfe dieses Ratgebers einen fundierten Rettungsversuch für Ihre Beziehung unternehmen. Gleichzeitig legen Sie die Grundsteine für eine lange und glückliche Beziehung – gerade jetzt, wenn es so gar nicht danach ausschaut. 2009 · 12 x 19 cm · Euro 8,95 · ISBN 978-3-8370-8865-6

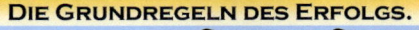

TIPS&TRICKS ZU GREENCARD UND B-VISA.

Die USA sind Top-Einwanderungsziel unserer Erde. Dieser Ratgeber informiert alle Menschen, die sich zeitweise oder permanent dort niederlassen möchten über die beiden gängigsten Visaformen. Er erklärt die Unterschiede zwischen GreenCard und B1/B2 Visum, und worauf es bei den amerikanischen Behörden bei der Beantragung ankommt. 2000 · DIN A5 · Euro 6,60 · ISBN 978-3-89811-159-1

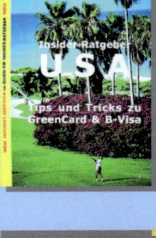

DICK SEIN ? NEIN DANKE !

Schlank werden und sein – für viele Menschen ein Dauerthema. Dabei ist Abnehmen viel einfacher als viele glauben: Jeder Körper kann auf ein frei gewähltes Wunschgewicht „eingestellt" werden. Leichtverständliche Kenntnisse reichen aus, denn die mächtige MMF-Regel macht es möglich: Schöner, gesünder und sogar kostengünstiger leben, kurz: Endlich glücklich sein. Hier erfahren Sie das Grundgesetz jedes Schlankseins. Ohne Kosten zum Sofortstart geeignet. 2010 · 12 x 19 cm · Euro 8,95 · ISBN 978-3-8391-0921-2

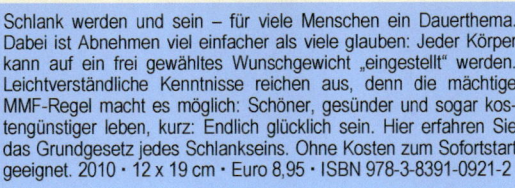

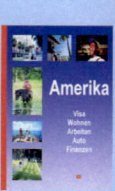

► ALLTAG GRAUT – YACHTBESITZ BRÄUNT.

„Durchschnitts-Landratte wird Schiffsbesitzer" - wer hat davon noch nicht geträumt? Hier ist der Beweis, daß wirklich jeder Mann und jede Frau ein neues Leben beginnen kann. Spannend und unterhaltsam werden die Erlebnisse eines völlig boots-unerfahrenen Menschen aus Deutschland erzählt – auf seinem Weg zum süßen, unbeschwerten Leben auf der eigenen Yacht in Florida: Ab sofort ist jedes Jahr das beste Jahr. 2000 · 12 x 19 cm · Euro 12,74 · ISBN 978-3-8981-1334-2

► AMERIKA: VISA · WOHNEN · ARBEITEN · AUTO · FINANZEN.

Aufbauend auf „Wegziehen in die USA" liefert dieser Ratgeber noch detailliertere USA-Informationen, die weit über das übliche Urlaubswissen hinausgehen: Visaformen, Hauskauf und Anmietung, Stellensuche, Firmengründung, Autokauf, Führerscheine, Banken und Steuern. 2001 · DIN A4 · Euro 9,95 · ISBN 978-3-8311-1922-6

► TIPPS & TRICKS FÜR AUTOFAHRER.

Praktisches Auto Know-How spart Geld im Alltag, hilft weiter und macht Spaß – besonders, wenn es sogar manchem Automechaniker unbekannt ist: Hier werden verblüffende Tips & Tricks rund um das Auto vorgestellt, die jeder Mann und jede Frau anwenden kann. So wird das Konto bei Reparaturen und beim Gebrauchtwagenkauf geschont, und der Leser weist sich bei Freunden und Bekannten als gewiefter Fachmann aus. 2004 · DIN A5 · Euro 5,95 · ISBN 978-3-8334-0764-2

► HEXEN HEUTE ERKENNEN.

Viele Menschen wissen intuitiv: In unserer Welt existieren Kenntnisse und Fähigkeiten, die den Wissenschaften verborgen bleiben, und von denen nur wenige zu träumen wagen: Wirkliche Hexen sind unter uns. Daß die klugen Zauberinnen, zu unrecht oft als „böse" abgestempelt, heutzutage nicht als alte Frauen mit schwarzer Katze auftreten, ist vielen klar. Doch wie sind sie dann auszumachen? Und sollte man das überhaupt versuchen? 2005 · 12 x 19 cm · Euro 8,90 · ISBN 978-3-8334-3192-0

► LAND IN FEINDESHAND – DEUTSCHLAND WIRD SOZIALISTISCH.

Viele Anzeichen der deutschen und europäischen Politik geben Anlaß zu Sorge: Um die persönliche Freiheit, um persönliches Eigentum und um die kommende Generation. Zeichen totalitärer Prinzipien und Denkweisen verstärken sich. Zieht schon wieder der häßliche und latent kriminelle Sozialismus auf ? 2003 · 12 x 19 cm · Euro 9,90 · ISBN 978-3-8330-0485-8

► TANKEN FÜR 0,99 (DM).

Für alle Dieselfahrer und an Technik interessierte Menschen: Dieselmotoren sind Mehrstoffmaschinen, die mit verschiedenen Kraftstoffen zuverlässig arbeiten. Wie und wo das eigene Diesel-Fahrzeug mit VEGA 9010, dem günstigen, überall erhältlichen und umweltfreundlichen Spar-Kraftstoff betankt wird, das beschreibt dieser Ratgeber. Ohne Umbaukosten! 2001 · 12 x 19 cm · Euro 9,95 · ISBN 978-3-8311-2173-1